Gottfried Bormuth, Irisch Frisch

SCHULE MACHT SINN

Schulnahe Jugendarbeit als Chance

BORN-VERLAG, KASSEL

Impressum:

Printed in Austria
Umschlag: Junge & Kleschnitzki, Witten
Satz: Claudia Siebert, Kassel
Druck: Wiener Verlag, Himberg

ISBN 3-87092-268-0
Bestellnummer: 182.268

Dieses Praxisbuch entstand aus der Arbeit der christlichen Initiative [school!] in Hannover 1998/99. Es ist ein Projekt der SMD-Schülerarbeit, an dem mitgewirkt haben:

Andrea Clarke, Freiwilliges Soziales Jahr
Iris Frisch, Gemeindediakonin
Erik Neumann, Diplom-Theologe
Alexandra Tichanow, Freiwilliges Soziales Jahr

Unser besonderer Dank gilt
dem PAIS-Project/Manchester sowie der christlichen Schülerarbeit in Exeter, vielen weiteren ehren- und hauptamtlichen Mitarbeitern der SMD und zahlreichen LehrerInnen* und SchülerInnen*, die uns durch ihre kreativen Ideen und ihr Engagement viele Impulse gegeben haben.

SMD SCHÜLERARBEIT

**Im Folgenden werden die Begriffe „Schüler" bzw. „Lehrer" zusammenfassend für beide Geschlechter genannt.*

Inhaltsverzeichnis

IV. Anhang

Vorwort

Jugendliche da erreichen, wo sie die Hauptzeit des Tages sind: in der Schule. Dieser Herausforderung hat sich die christliche Schülerarbeit der SMD gestellt. Denn in dieser Aufgabe steckt eine große Chance: Jugendliche in ihrem vertrauten Umfeld mit dem Evangelium in Berührung zu bringen.

In den letzten Jahren haben sich die Voraussetzungen für diese Arbeit überraschend zum Positiven verändert. Die Schulen sind offener geworden. Sie sollen nicht mehr nur Lernort sein, sondern zum Lebensraum werden. Deshalb öffnen sich die Schulen und suchen die Zusammenarbeit außerschulischer Träger (Vereine). Dies ist je nach Bundesland unterschiedlich geregelt, aber generell gibt es viele Möglichkeiten für Kooperationen.
Außerdem kann man beobachten, dass die Lehrer offener für solche Projekte geworden sind. Christliche Werte, glaubhaftes Christentum werden nicht abgelehnt, sondern dort, wo sie sich unter den Bedingungen der Schule einbringen, ernst genommen und willkommen geheißen.
Mit dem Trend der Zeit hat sich auch das Freizeitverhalten der Jugendlichen verändert. Außerschulische Freizeitangebote nehmen zu. Die Jugendkultur splittert sich immer mehr auf. Kontinuierliche Gruppen in der christlichen Jugendarbeit werden immer seltener. Mit diesen Erscheinungen hat die christliche Jugendarbeit vor Ort zu kämpfen. Deshalb bietet sich als eine Alternative der Weg an, die Jugendlichen direkt in der Schule zu erreichen.
Die SMD-Schülerarbeit hat diese Chance genutzt und projekthaft in einigen Schulen in Hannover gearbeitet. Das SMD-Team hat verschiedene Zugänge zu den Schulen ausprobiert, dabei wertvolle Erfahrungen gesammelt und diese ausgewertet und bearbeitet. Die Ergebnisse sind in diesem Buch zusammengestellt worden, damit möglichst viele sich auf den Weg in die Schule machen können.

Das Buch enthält erlebnispädagogische Stundenentwürfe für missionarische bzw. thematische Unterrichtsstunden, die für den Religionsunterricht (Kl. 5-13) geeignet sind. Viele erprobte Konzepte zu verschiedenen Aktionen (z.B. Pausencafé, Nachmittagsangebote) und praktische Tipps helfen missionarisch tätig zu werden.

Aus diesem reichen Erfahrungsfundus können alle Lehrer, haupt- und nebenamtliche Jugendarbeiter, interessierte Eltern und Gemeindemitarbeiter schöpfen.

Ich wünsche allen, dass dieses Buch als praktische Hilfe den Weg in die Schule zu den Jugendlichen weist, damit die gute Message der Bibel erfahrbar wird!

Gottfried Bormuth

"Ihr Christen seid ja ganz schön arrogant...

...zu behaupten, ihr hättet einen ganz persönlichen Draht zum Schöpfer des Universums."

Schülerin (15) in einer Unterrichtsstunde zum Thema Evolution & Schöpfung

Stimmt! Ist schon ganz schön verrückt, was wir Christen da glauben . . . und ganz schön spannend, Jugendlichen einen Einblick in unsere persönlichen Erfahrungen mit Gott zu geben. Vor allem, wenn es sich dabei um Jugendliche handelt, die nicht im Traum auf die Idee kämen, ihre Nase jemals in die Tür einer christlichen Veranstaltung zu stecken, um über Glauben zu reden.

Mit der christlichen Initiative Hannover konnten wir während der letzten zwei Jahre (97/99) immer wieder solche spannenden Diskussionen erleben.

[school!]
CHRISTLICHE INITIATIVE FÜR SCHÜLERINNEN UND SCHÜLER

Wir hoffen, dass unsere Erfahrungen und Anregungen Mut machen, sich der Herausforderung „Schule“ zu stellen.

Ganz schön spannend? Ja! Denn eines ist sicher:
Spannend sind auch die Erfahrungen, die *wir* auf diesem Weg mit Gott machen.

Denn *wenn* einer ein Herz für Schulen hat, dann ist es Gott selber.

Gottes Segen wünschen wir euch!

Bevor's losgeht...

Aktionen in und an Schulen sollten grundsätzlich in dem Bewusstsein geplant werden, dass *Einladungen zur eigenen Gemeinde* nicht im Mittelpunkt stehen. Die *Hemmschwelle* gemeindefremder Jugendlicher, sich in einer Gemeindeveranstaltung blicken zu lassen, ist trotz eventueller Neugier sehr hoch. Ziel ist es vielmehr, durch persönliche Kontakte im *Umfeld Schule* Christsein zu thematisieren und vorzuleben.
Die inhaltlichen Auseinandersetzungen in den Unterrichtseinheiten wollen zu einem *eigenen Standpunkt* herausfordern. Es erscheint uns jedoch sinnvoller, über die Möglichkeit der Schulstunden hinaus *regelmäßigen Kontakt* zu den Schülern aufzubauen. Unsere Angebote sollten sich daran orientieren, der jeweiligen Schule dort *zu dienen*, wo Bedarf und Interesse seitens der Schüler und Lehrer besteht.
Eine kontinuierliche und *ehrlich-transparente Zusammenarbeit* mit der Direktion und den betroffenen Lehrkräften ist also unbedingte Voraussetzung!

I. Kontakte

A. Nachmittagsangebote
- Arbeits- und Interessengemeinschaften

B. Pausenaktionen
- Pausenklubs & Highlights

C. Freizeitangebote
- Begleitung bei Klassenfahrten, Wandertage, Camps etc.

D. Schülercafé
- Beispiele verschiedener Schülercafés

II. Unterrichtsstunden - Glaube im Gespräch

Unterrichtseinheiten sind einerseits gut geeignet, einen *ersten Kontakt* zur Schule herzustellen - andererseits bieten sich inhaltliche Auseinandersetzungen gerade auch dort an, wo bereits pesönliche Kontakte und eine *Vertrauensbasis* entstanden sind.
Es ist hilfreich, sich in „normale" Themen des Religionsunterrichts einzuarbeiten (vgl. jeweilige Rahmenrichtlinien), um den Fachlehrern ein passendes und attraktives Angebot zur Ergänzung des eigenen Unterrichts bieten zu können.

Hier die Auswahl von Themen, zu denen wir Gestaltungsvorschläge zusammengestellt haben:

- Angst (1)
- Arbeitslosigkeit - Umgang mit Perspektivlosigkeit (1.1)
- Auferstehung (2)
- Basics - festen Grund im Leben (3)
- Bibel (4)
- Gewissen (5)
- Gott als Freund (6)
- Gottesexistenz (7)
- Gottesbild (7.1)
- Liebe (Gott als Vater) (8)
- Thema No. 1: Liebe, Freundschaft, Sexualität (9)
- Okkultismus (10)
- Realitäten, die man nicht sieht (11)
- Sinn des Lebens (12)
- Trennung von Gott - Sünde (13)
- Trennung von Gott - Kreuz (13.1)
- Weihnachten (14)

I.
Kontakte

A. Nachmittagsangebote

Arbeits- und Interessengemeinschaften (AG/IG)

Viele Schulen bieten ihren Schülern unterschiedliche Angebote von *Arbeits- und Interessengemeinschaften.* Nicht selten sind Angebote von außen in Ergänzung zu den Angeboten der Lehrkräfte - besonders an Gesamtschulen - herzlich willkommen. Wichtig ist, dass von Seiten des Anbieters eine wöchentliche Regelmäßigkeit geboten werden kann.

Ob eine AG/IG letztendlich stattfindet, hängt allerdings von der Anzahl der Interessenten ab. Oft gehört die Teilnahme an einer AG/IG in den Klassen 5-7 zum Pflichtbereich. Attraktive Angebote stoßen deshalb auch bei den Schülern auf gute Resonanz.

Je nach Gaben des Teams sind den Ideen keine Grenzen gesetzt:

• *spielerisch-sportlich*

Inlinen, Hockey, Fußball, Streetball, Diabolo, Jonglage, Kinderzirkus, Streetdance (...)

- Im sportlichen Bereich sind Fairness und Umgang mit Stärken und Grenzen der eigenen, aber auch der Leistung anderer wichtige Themen.
Die Schüler sollen merken, dass sie - genau so wie sie begabt (und begrenzt!) sind - wichtig und wertvoll sind.
- Hier bieten sich Höhepunkte in Form von Turnieren oder Aufführungen bei Schul- und Straßenfesten an, auf die dann gezielt hingearbeitet werden kann.

• *krea(k)tiv*

Basteln (Marionetten, Fensterbilder, Spiele...), Holzwerken, Zeichenkurs, Kochen, Theater, Internet, Biotopbau (...)

- Gemeinsames Gestalten fördert die Kommunikation. Die Schüler sind meistens dankbar für jeden, der sich Zeit nimmt, ihnen interessiert zuzuhören...
- Viele Schüler müssen es ganz neu lernen, eine Arbeit kon-

zentriert zu Ende zu führen, auch wenn es teilweise großer Ausdauer und Feinmotorik bedarf.
- Ausstellungen in den Schaukästen der Schule oder Schulaufführungen sind ein guter Ansporn. Außerdem stärken solche Erfolgserlebnisse das Selbstbewusstsein und die eigene Wertschätzung („Ich kann was!“).

• *Literatur-Adventure*
Jostein Garder:
„Sophies Welt“
- Auseinandersetzungen mit Philosophie
Klaus Kordon:
„Die roten Matrosen“ - Berlin 1918/19
„Mit dem Rücken zur Wand“ - Berlin im Zweiten Weltkrieg
„Der erste Früling“ - Berlin in der Nachkriegszeit
- Deutsche Geschichte auf packende Art und Weise nacherlebt
Astrid Lindgren:
„Pippi Langstrumpf“, „Karlsson vom Dach“, „Kinder von Bullerbü“, „Brüder Löwenherz“, „Michel aus Lönneberga“
- Phantasie und Wunschträume „Schöne, heile Welt“ . . . und was davon noch übrig ist

• *Hausaufgabenhilfe*
- Sicherlich keine neue Idee, aber immer wieder gefragt...

• *interkulturelle Begegnungen*
- Kennenlernen fremder Länder und Kulturen - dieses Projekt bietet sich v. a. an, wenn es möglich ist, Menschen aus dem entsprechenden Land (oder mehreren Nationen) persönlich kennen zu lernen, sie zu Hause zu besuchen, gemeinsam z. B. etwas zu kochen oder Fotos anzuschauen... Hierin liegt die Chance einer christlichen Gemeinde, die häufig aus unterschiedlichsten Nationalitäten zusammengesetzt ist.

- Ausländerfeindlichkeit in Deutschland? Hintergründe und Analysen - und wenn möglich die Kontaktaufnahme zu einem Asylantenwohnheim.

• *soziale Projekte*

Hintergründe zu der Armut in der Welt, aber auch zu der Armut vor der eigenen Haustür.

- Videos, Weltkarte erstellen, Steckbriefe zu den ärmsten Ländern der Erde.
- Patenschaft zu einem Heim für Straßenkinder, z. B. in Rumänien.
- Eigenes Engagement, z. B. Waffelbacken auf dem Schulfest - der Erlös geht an ein Projekt.
- Besuch verschiedener christlicher Einrichtungen, die sich um arme Menschen in der eigenen Stadt kümmern - bietet sich besonders in Großstädten an, wo Armut ganz offensichtlich anzutreffen ist.
- Konkrete Hilfsaktionen (zum Beispiel Mitarbeit in einem Obdachlosencafé) sind abhängig von den sozialen Einrichtungen, die in unmittelbarer Erreichbarkeit zur Schule stehen.

Tipp:

Als besonders eindrucksvoll haben wir es in Hannover erlebt, Christen zu interviewen, die selbst einmal obdachlos oder drogenabhängig waren und sich nun in sozialen Einrichtungen engagieren. Hier konnte auch ganz ungezwungen davon gesprochen werden, welche Hilfestellungen der Glaube bietet, wenn ein Mensch kaum noch Perspektiven für sein Leben hat.

B. PAUSENAKTIONEN

Pausenklubs - Spiele & Spaß für 5.- und 6.-Klässler

10- bis 12-jährige sind recht schnell davon zu begeistern, eine wöchentliche 20-Minuten-Pause mit verschiedenen Spielen, Rätseln oder anderen Verrücktheiten zu verbringen. Manche Schulen haben sogar eine längere Mittagspause, in der die Schüler nach dem Essen die Zeit bis zur nächsten Stunde nur noch „absitzen“. Gewöhnlich spricht es sich sehr schnell herum, wenn irgendwo ein offenes Angebot gemacht wird, das auch Spaß macht.
Ideal ist es, vor dem Startschuss eines Pausenklubs in verschiedenen 5. und 6. Klassen eine Unterrichtsstunde zu gestalten, in der viele kreative Spielelemente vorkommen (s. Unterrichtsentwürfe Angst (1) und Gottesexistenz (7)). Dann haben die Schüler die Gelegenheit uns kennen zu lernen und bekommen gleich einen Vorgeschmack auf die Aktionen, die sie erwarten.
Wichtig ist eine bunte Mischung von Spielen und Methoden, damit keine Langeweile aufkommt:

- Videosequenzen, z. B. Ausschnitte aus Mr. Bean, Wallace & Gromit, Dick & Doof (...)
- Quizspiele (Fragen z. B. aus Trivial Pursuid oder Spiel des Wissens)
- Wetten dass ... es keiner von euch schafft, innerhalb von drei Minuten der Pausenaufsicht das Pausenbrot abzuschwatzen?! Wetten dass ... niemand seinen Namen schreiben kann, wenn er gleichzeitig mit einem Fuß in der Luft kreist?! Wetten dass ... keiner von euch so schnell einen Luftballon bis zum Platzen aufpusten kann wie XY?!

- Staffelspiele (in jedem guten Spielebuch sind Anregungen zu finden)
- Tabu oder Kartenspiele, wie z.B. Uno, Blitz, Elfer raus

Inhaltliche Impulse sind in diesem Zusammenhang mit Vorsicht zu dosieren, es kann sogar sein, dass die Schulleitung darum bittet, ganz davon abzusehen, weil es leicht den Anschein wecken könnte, Kindern über spielerische Methoden christliche Inhalte unterschieben zu wollen.

Pausen-Highlights

An diesem Punkt sollte unbedingt mit den Schülern, die Christen sind - aus unseren Gemeinden oder vom Schülerbibelkreis (SBK) - zusammengearbeitet werden. Vorschläge, die die Schüler selbst durchführen können, finden sich zum Beispiel im SBK-Ordner unter 7.3 (zu bestellen für 9,95 DM bei der SMD - Postfach 554 - 35017 Marburg). Um nur einige Ideen zu nennen:

- Waffel-/Kuchenverkauf, Sandwich-Toast, Milkshake-Bar
- Video-Umfrage oder Fragebögen zum Thema Gott oder Kirche. Das Ergebnis könnte auch in der Schülerzeitung veröffentlicht werden.
- Meinungswand mit einem Zitat, zu dem die vorbeilaufenden Schüler schriftlich Stellung beziehen können, z.B. „Die Bibel ist Luft für mich, ... ich lebe davon“, „Gott spielt in meinem Leben keine Rolle, ... er ist der Regisseur“, „C U in heaven ...?!“.

Eine tolle Möglichkeit ist es, christliche Musikbands oder Danceformations als „special guests“ in den Religionsunterricht einzuladen, v. a. wenn es sich dabei selbst noch um Jugendliche handelt.
In Verbindung mit den Unterrichtsstunden kann in der Pausenhalle Livemusik oder Tanz geboten werden. Die Texte sollten allerdings zusätzlich an die Wand projiziert werden, um Gedankenanstöße mitzugeben.

C. Freizeitangebote

Klassenfahrten und Wandertage

Manche Lehrer sind durchaus dankbar, wenn sie auf Jugendmitarbeiter zurückgreifen können, die sich dazu bereit erklären, *Klassenfahrten und -ausflüge zu begleiten.*

Sicherlich ist das ein Angebot, das erst angenommen wird, wenn sich ein guter Kontakt zur Schule entwickelt hat. Manchmal reicht aber auch schon eine Verbindung über die örtliche Kirchengemeinde, z. B. wenn ein paar Schüler aus dem Klassenverband einen Mitarbeiter aus dem Konfirmandenunterricht kennen. An diesem Punkt sollten gerade auch Christen in unseren Gemeinden ermutigt werden, sich als Eltern stärker zu engagieren. Zwar ist nicht jedes Kind davon begeistert, ein eigenes Elternteil mit auf Klassenfahrt zu nehmen (verständlicherweise), aber eventuell kann das Angebot ja auch für Parallelklassen genutzt werden, die zeitgleich „on Tour" sind. Abgesehen von Begleitfunktionen ist es im Rahmen von Projektwochen oder im AG-Bereich durchaus möglich, *eigene Wandertage* zu beantragen. Gewöhnlich gibt es dazu Vordrucke von der Schule, die rechtzeitig mit der Bitte um Unterrichtsbefreiung eingereicht werden müssen.

Im Zusammenhang mit dem Stichwort *„fachübergreifender Unterricht"* werden solche Aktionen meistens von der Schulleitung unterstützt, sofern Sinn und Lernziele des Ganzen deutlich sind.

Wochenenden

In Kassel werden schon seit einigen Jahren Kurztrips in Großstädte wie Berlin und Hamburg angeboten, die bei den Schülern sehr gut ankommen.

Konzept ist es, christliche Jugendliche vor Ort zu treffen, die eine gemeinsame Großstadterkundung anbieten und ganz ungezwungen Kontakte aufbauen. Nicht selten entwickelt sich bei der abendlichen Kneipentour dann auch das ein oder andere tiefergеhende Gespräch - dies sollte jedoch von den Mitarbeitern nicht „gepushed" werden. Wenn möglich, steht der Besuch eines besonderen christlichen Events mit auf dem Programm, einem Jugendgottesdienst oder einer Jesus-Freaks-Aktion. Vor der Rückfahrt gibt es einen internen Abschiedsgottesdienst, bei dem die „heimischen" Jugendlichen erzählen, warum sie Christen sind.

Kontaktadresse:
Joachim Happel
Hardtweg 1, 34130 Kassel
Tel. 05 61/6159 7
joachim.happel@reliweb.de

Camps

Über kurz oder (eher) lang lassen sich Schüler hoffentlich auch auf Freizeiten und Camps einladen. Ihnen zuliebe sollten wir aber die Konzepte unserer christlichen Freizeiten immer wieder überprüfen, ob sie für kirchendistanzierte Jugendliche eine gute und ungezwungene Atmosphäre bieten. Biblische Hammerschläge können eine Menge mehr zerstören, als dass sie den Jugendlichen auf dem Weg zu persönlichen Erfahrungen mit Gott helfen. Kreativität, erlebnispädagogische Elemente und vor allem ein ganz persönlicher und guter Draht zu den Jugendlichen bleibt auch hier wichtigstes Standbein. Außerdem sollte den Schülern klar sein, dass sie auf eine christliche Freizeit fahren. Wenn sie sich von vornherein darauf einstellen können, dass Bibel und Glaube eine wichtige Rolle spielen, werden sie sich auch eher auf Bibelarbeiten, Gesprächsgruppen und Ähnliches einlassen.

Gute Erfahrungen haben wir mit einem Herbstcamp für niedersächsische Schüler in NRW 10/99 gemacht. Das Konzept basierte auf Begegnungen mit einer englischen Rockband und Danceformation, die zu der Zeit ihre „half terms" (eine

Ferienwoche) in NRW verbrachten. Nicht nur, dass der niedersächsische Fanclub live bei den Konzerten dabei sein konnte (zu denen vormittags in den Schulen vor Ort eingeladen wurde), sie konnten die englischen Schüler auch Tag für Tag „backstage“ erleben und näher kennen lernen.
Die abendlichen Kleingruppengespräche hatten Tiefgang - trotz (oder gerade wegen) der englischen Sprache... („Dschiesus“ klingt doch auch viel cooler als Jesus - oder!?)

D. Schülercafé

Schülercafés sind für viele christliche Gemeinden das Sinnbild schulnaher Jugendarbeit. Die Erfahrung zeigt aber, dass es sich auch bei noch so jugendgerechten Räumen eher schwierig gestaltet, kirchendistanzierte Jugendliche einzuladen.
Die besten Chancen liegen unserer Erfahrung nach in der Schule bzw. während des Unterrichts. Letzteres muss unbedingt mit der Schulleitung abgesprochen werden. Z. B.: das Verlassen des Schulgeländes während der Pausen und Freistunden ist grundsätzlich verboten und muss deshalb erlaubt werden. Außerdem sollten Einigungen in Bezug auf den Umgang mit Schülern getroffen werden, die ihre Freistunden in Eigenregie zu wählen pflegen.

An manchen Schulen bietet es sich an, direkt auf dem Schulgelände ein Schülercafé einzurichten. Dabei sollten die Schüler selbst einen Großteil der Gestaltung übernehmen, damit die Räumlichkeiten zu ihren Räumen werden und sie das Angebot dann auch gerne annehmen.

Beispiel: Schülerwaggon Wetzlar

Mitten auf dem Schulhof der Kestner-Schule in Wetzlar steht ein alter Eisenbahnwaggon als Pausencafé. Während einer Projektwoche haben etwa zehn Schüler mit dem Ausbau und der Gestaltung des Waggons begonnen. Außerdem finden sich immer

wieder „Profis“, die mit Hand anlegen: Eine Ölheizung, eine lange Theke mit Stromanschluß für einen Sandwichtoaster, einen Kühlschrank und eine Musikanlage und mehrere Sitzgruppen in Abteilanordnung bieten etwa 40 Schülern Platz. So kann die Pause im Trockenen verbracht werden. In Absprache mit dem Schulkiosk werden hier auch Snacks und Getränke verkauft - wobei die Schüler das z. T. selber übernehmen.
Der Waggon in Wetzlar ist montags bis donnerstags von 8.00-13.15 Uhr geöffnet und wird von insgesamt sechs ehrenamtlichen Mitarbeitern verschiedener christlicher Gemeinden betreut.

Wer mehr über die Entstehungsgeschichte erfahren möchte, melde sich bei:
Frank Fischer
Finkenweg 22, 35428 Langgöns
Tel. 06 40 3/75 75 3, e-mail: frfischer@gmx.de

Beispiel: Schülercafé Dreieck in Wetzlar

Dieses Schülercafé findet in der Aula der Schule statt, die dienstags bis donnerstags zu diesem Zweck von der Schulleitung/ Gesamtkonferenz zur Verfügung gestellt wurde. Zwei Tischtennisplatten, ein Billardtisch und die Musikanlage machen das Angebot v. a. während der Pausenzeiten und Freistunden attraktiv. Die Besucherzahlen schwanken zwischen 5-700 Schülern pro Tag. Das macht deutlich, wie wichtig ein festes Stammteam ist, um bei diesen Konditionen Kontaktarbeit leisten zu können.
Es wird versucht, die Arbeit im Schülercafé mit verschiedenen Angeboten der offenen Gemeindearbeit zu koppeln, z. B. durch Sportturniere, Filmcafé oder die Kontakte im Katechumenen- und Konfirmandenunterricht.

Nähere Infos über:
B. Standhardt
Obere Bachstr.4, 35606 Solms
Tel. 06 44 1/38 24 36

Beispiel: Schülercafé Barsinghausen (bei Hannover)

Durch den dörflichen Charakter dieser Kleinstadt und der relativen Nähe der evangelisch-freikirchlichen Gemeinde zum Gymnasium ist den meisten Jugendlichen das Jugendcafé „Vis-à-vis" ein Begriff. Spätestens nach den zwei Schulwochen (10/98 und 3/99), bei denen der Pastor der Gemeinde sowie zwei weitere ehrenamtliche Mitarbeiterinnen des Cafés im Religionsunterricht mitwirken konnten, haben alle zumindest schon einmal davon gehört.

Dennoch zeigt sich an diesem Beispiel, dass der Weg Gemeinde - Schule, trotz weniger Meter Abstand, sehr weit sein kann. Kaum einer lässt sich zum Jugendcafé freitagabends einladen. Und auch ein speziell auf kirchendistanzierte Jugendliche ausgerichtetes Konzert, zu dem in der Schule eingeladen wurde, brachte wenig „Erfolg". Erst bei einem Besuch einer amerikanischen Gruppe junger Christen im Religionsunterricht (5/99) wird durch persönliche Kontakte für einige Schüler ein Anreiz geschaffen, sich abends mit den Amerikanern nochmals im „Vis-à-vis" zu treffen. Ein Musterbeispiel für die Notwendigkeit von Ausdauer und persönlichen Kontakten - und wieder ein „Beweis" für die Attraktivität englischsprachiger Gäste!

Kontaktadresse:
Georg Hermann
Nienstedter Str. 63 d
30890 Barsinghausen
Tel. 05 10 5/58 54 67, e-mail: Georg.Hermann@t-online.de

Beispiel: Schülercafé für Frühaufsteher

Dieses Schülercafé findet (je nach Möglichkeiten der Mitarbeiter) jedes Jahr von November bis zu den Osterferien statt. Öffnungszeiten wochentags 7.00 -10.00 Uhr. Die Lage des Eingangs zu den

Jugendräumen der Gemeinde direkt gegenüber der Schule ist optimal. Viele Schüler kommen mit ihren Schulbussen aus den umliegenden Dörfern bereits kurz vor 7 Uhr an und nutzen die Zeit bis zum Unterrichtsbeginn gerne zu einer Runde Billard oder Kicker. Auch dem Appetit auf Schokoriegel und heißen Kakao kann schnell Abhilfe geleistet werden. In Stoßzeiten - vor allem während der ersten halben Stunde - ist hier eine Menge los. Selbst wenn nicht alle am Kicker zum Zuge kommen, ist es in den Räumen der Kirchengemeinde doch um vieles wärmer und gemütlicher als draußen.
Einige der Schüler trifft man im Konfirmandenunterricht oder beim „Open House" am Freitagabend wieder. Um längerfristige Kontakte aufbauen zu können, ist es daher sinnvoll, wenn ein Stammteamler an den verschiedenen Berührungspunkten in der Jugendarbeit auftaucht. Das allerdings kann fast nur auf hauptamtlicher Basis geleistet werden (Praktikant, Stundenkraft).

Infos:
Iris Frisch
Röntgenstr. 38, 41515 Grevenbroich
Tel. 02 18 1/16 11 42
e-mail: smd.frisch@t-online.de

II. Unterrichts-stunden

Glaube im Gespräch

Wer kommt? Wer soll kommen? Was ist das Ziel?

1. Zielgruppe

Wir wollen Schülerinnen und Schüler dazu herausfordern, über Inhalte und Konsequenzen des christlichen Glaubens nachzudenken, um sich einen *eigenen Standpunkt* zu erarbeiten.
Voraussetzung dazu ist ein gewisses Maß an Selbstreflexion und Diskussionsfähigkeit. Unsere Zielgruppe sind daher v. a. *Schüler der Klassen 7-13* unterschiedlicher Schulformen.
In den Unterrichtsstunden der *5. und 6. Klassen* liegt der Schwerpunkt mehr darauf, *positive Grunderfahrungen* in der Begegnung mit Christen und biblischen Geschichten zu vermitteln.

2. Zielgedanken

Ziel einer Unterrichtsstunde ist es, Inhalte des christlichen Glaubens zur Sprache zu bringen, um allgemein übliche Vorurteile zu entkräften.
Für viele Schüler gehört Kirche und christlicher Glaube unwiderruflich zum „alten Eisen“, obwohl Religiosität und Glaube an Übernatürliches durchaus „in“ ist. Der Glaube an irgendwelche göttlichen Wesen wird bejaht.
Doch über den Gott der Bibel kursieren die *diffusesten und leider abschreckendsten Vorstellungen.* Abgesehen von den wenigen Jugendlichen, die christlich sozialisiert aufwachsen, hat kaum ein Schüler schon einmal ernsthaft in der Bibel gelesen (außer vielleicht zum Aussuchen des Konfirmationsspruches).
Und doch meinen sie zu wissen, dass die Bibel unglaubwürdig und unrelevant sei. Daher ist es wichtig ihnen die Möglichkeit zu geben Christen kennen zu lernen, die ihren Glauben *authentisch* leben und zur Diskussion stellen.
Nur so kann der christliche Glaube auch im Leben der Jugendlichen als *ernst zu nehmende Orientierungshilfe* wieder in den Blick kommen.

3. Voraussetzungen

Persönlicher Glaube

Die Bereitschaft, den eigenen Glauben hinterfragen zu lassen und sich *echt und ehrlich* vor den Schülern zu *outen* ist Voraussetzung dazu, im Unterricht zu seinem persönlichen Glauben Stellung zu nehmen. Das heißt auch, dass wir herausgefordert sind, Gott selber immer wieder an uns und in unserem Leben wirken zu lassen. Bloße Theorien, theologische Argumente oder Erfahrungen aus der Konserve sind vor kritischen Schülern sicher nicht sehr stichhaltig.

Auseinandersetzungen mit schwierigen Fragen

Manche Fragen und Argumente sind mit fast 100%iger Sicherheit vorauszusehen:

- **Leid in der Welt:** Warum greift Gott nicht ein (Kriege, Erdbeben, Unfälle, Krankheiten)? Warum hungern und sterben unschuldige Kinder?
- **Bosheit der Menschen**: Warum hat Gott ihn nicht besser erschaffen?
- **Evolutionstheorie**: Warum sollte es einen Schöpfer geben, wo die Weltentstehung im 21. Jhd. (scheinbar) wissenschaftlich zu erklären ist?
- **Existenz Gottes**: Gibt es Beweise dafür, dass es Gott gibt?

Dabei gilt:

1. Kurze und präzise Antworten sollten im Vorfeld durchdacht und formuliert werden.

Lange und kompliziert-theologische Argumentationen sind selten auf Anhieb nachvollziehbar und lenken viel zu sehr vom eigentlichen Thema der Stunde ab.

2. Wir brauchen zu diesen Fragen keine fertigen Antworten in der Tasche zu haben!

Wichtig ist, dass die Schüler merken, dass wir sie mit ihren Argumenten ernst nehmen. Gerade hinter der Frage zum Leid steckt oft eine persönliche Betroffenheit, der wir mit Feingefühl begegnen sollten.

3. Ausweichen gilt nicht!

Manche Fragen werden offensichtlich weniger aus echtem Interesse, sondern vielmehr als „Kontrabeweis" hervorgebracht. Trotzdem sollten wir versuchen, nicht auszuweichen. Die Schüler sollen merken, dass wir zwar auch nicht alles verstehen oder erklären können, trotzdem aber unsere guten Gründe haben, an den Gott der Bibel zu glauben.

4. Persönliche Antworten überzeugen eher als allgemeingültige Wahrheiten.

Wir können Gottes Existenz nicht durch Formeln oder Gleichungen beweisen. Dagegen sind persönliche Erlebnisse meist überzeugender und v. a. lebensrelevanter: Ich kann z. B. von meinem eigenen Umgang mit Leid berichten oder deutlich machen, was es für mich heißt, kein pures Zufallsprodukt in der Evolutionsgeschichte zu sein.

Durch mein eigenes Erleben, meinen persönlichen Umgang mit Glaubensfragen kann ich den Schülern zumindest Gedankenanstöße mit auf den Weg geben. Ob sie sich über den Unterricht hinaus über eventuelle Konsequenzen des Gehörten für ihr Leben Gedanken machen, bleibt von Gott zu erbitten. Im festen Vertrauen:

5. Gottes Wort kommt nie leer zurück !

„Denkt an den Regen und den Schnee! Sie fallen vom Himmel und bleiben nicht ohne Wirkung: Sie tränken die Erde und machen sie fruchtbar... Genauso ist mein Wort: Es bleibt nicht ohne Wirkung, sondern erreicht, was ich will..." *(Jesaja 55,10 f.)*

6. Persönliche Statements brauchen Übung!

Auch wenn wir davon abhängig sind, dass Gott durch uns wirkt und uns gebraucht Jugendlichen zu begegnen, sollten wir uns Zeit nehmen, uns sorgfältig vorzubereiten. Das betrifft besonders auch unsere Berichte über *persönlich erlebten Glauben.*

Einladung zu bestimmten Themen

Solche Statements sind die eigentlichen *Knackpunkte* vieler Unterrichtsstunden, gerade weil wir Gott nicht empirisch beweisen können. Dabei sollte darauf geachtet werden, dass *kurz und klar* das Wesentliche erzählt wird. Eine gute Übung ist es, die eigenen Gedanken zuvor einem Freund oder Familienmitglied zu erzählen, der zum einen *Über- und Untertreibungen oder Beschönigungen korrigieren* kann und zum anderen unseren Wortschatz von *christlich kanaanäischen Ausdrücken* filtern sollte.
Außerdem ist es wichtig darauf zu achten, dass trotz der Kürze das Erlebte nicht *platte schwarz-weiße Wahrheiten* widerspiegelt - so nach dem Motto: „Und dann kam Gott in mein Leben - und alles wurde gut..." Ehrliche Berichte - und das können ganz banale, alltägliche Dinge sein - kommen am besten an. Nicht jeder muss eine 180-Grad-Wende erlebt haben oder von spannenden okkultbelasteten Zeiten erzählen können, damit es für die Klasse interessant ist. Im Gegenteil:
Wir haben es zu 90% mit Schülern zu tun, die sich gerade mit den *Banalitäten des Alltags* herumschlagen müssen: Selbstannahme, Liebesbedürfnis, Sinnleere, Verletzungen, Versagen, Zukunftsangst, Perspektivlosigkeit, die Frage nach nicht erhörten Gebeten, um nur einiges zu nennen.
Themen, zu denen auch wir Christen unsere Erfahrungen machen - und zwar unabhängig vom Alter! Wir haben in Hannover schon sehr viele positive Stunden erlebt, in denen Christen aus der Eltern- und sogar Großelterngeneration der Schüler den Unterricht mit ihren Erfahrungen sehr bereichert haben. Persön-

liche Statements sind das Nonplusultra zum regulären (Religions-)Unterricht - denn gerade an diesem Punkt sind die Möglichkeiten in der Rolle als Lehrer verständlicherweise begrenzt.

4. KONKRETE SCHRITTE (vgl. dazu Checkliste im Anhang)

1. Auswahl des Einsatzortes

Wenn möglich sollte Kontakt zu einer Schule gesucht werden, die in räumlicher Nähe zur eigenen Kirche/Gemeinde liegt.

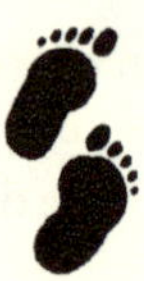

So entwickeln sich am ehesten natürliche Berührungspunkte und die Schüler lassen sich auf längere Sicht zu offenen Jugendtreffs oder auch Veranstaltungen (z. B. Jugendgottesdienst, JesusHouse) einladen.

2. Mit Schülern zusammenarbeiten

Optimal ist es, wenn *Jugendliche aus der Gemeinde* an ihrer Schule nach Möglichkeiten der Kontaktaufnahme suchen. Wenn sie z. B. ihren Religionslehrer fragen, ob er sich vorstellen kann, ein Team (junger) Christen in seinen Unterricht einzuladen, werden sie selten auf verschlossene Türen stoßen. An manchen Schulen gibt es außerdem *christliche Schülerkreise*, die unbedingt in die Planungen mit einbezogen werden sollten. Adressen gibt's über die SMD-Zentralstelle, Tel. 06421/910522 oder über den jeweiligen Reisesekretär.
Zum einen stärkt ihnen das den Rücken, „ihr Christsein an der Schule zu leben" (Und das ist gar nicht so leicht!) - zum anderen haben interessierte Jugendliche so die Möglichkeit, Christen in ihrem Alter anzusprechen, die ihnen Tag für Tag über den Weg laufen.

3. Erstkontakte

Kontakte zu einer Schule entstehen am natürlichsten über *Einzelpersonen*, also wenn es in der eigenen Kirche/Gemeinde einen Religionslehrer gibt oder *Gemeindemitglieder* einen Lehrer kennen, den sie ansprechen können.

Ein Erstkontakt kann auch *telefonisch* entstehen. Das Schulsekretariat leitet eine Anfrage an den Fachbereichsleiter Religion weiter. Da Lehrer grundsätzlich eine Menge um die Ohren haben, ist allerdings selten zu erwarten, dass bereits ein einzelner Anruf konkrete Termine für Unterrichtsstunden zur Folge hat. Besser ist es deshalb, ein persönliches Treffen zu vereinbaren.

4. Fachkonferenzen

Fachkonferenzen bieten sich an, allen Religionslehrern gleichermaßen Themenangebote vorzustellen. Außerdem ist es für ein Kollegium hilfreich, schulfremde Gesichter einordnen zu können und sich nicht allein auf Schulgerüchte verlassen zu müssen.

5. Direktion

Um nicht in Schwierigkeiten zu geraten, ist es für die Direktion einer Schule Pflicht, über jegliche Art von „äußeren Einflüssen" informiert zu sein. In den meisten Fällen reicht es deshalb nicht, wenn ein einzelner Fachlehrer für seine Unterrichtsgäste die Verantwortung übernimmt, v. a. wenn eine kontinuierliche Zusammenarbeit möglich werden soll.

Auch hier gilt: Ein persönlicher Eindruck ist effektiver als ein Telefonat. Um eventuellen Bedenken in Bezug auf *Sektierertum* zu begegnen, sind schriftliche Informationen über Ziele und Hintergründe der Gemeinde hilfreich (an diesem Punkt sind landeskirchliche Gemeinden im Vorteil - sie werden sich selten dagegen wehren müssen, in der Gesellschaft als Sekte angesehen zu werden...).

5. Unterrichts-Bausteine

1. Zielgedanke

Es ist wichtig, *einen* klaren Zielgedanken zu formulieren, der sich wie ein roter Faden durch die gesamte Unterrichtsstunde hindurchzieht. Diese Formulierung ist mit der wesentlichste Teil einer guten Vorbereitung - und längst nicht so „nebenbei" zu erledigen, wie es vielleicht erscheint. Nur wenn wir ein ganz klares Ziel verfolgen, können wir es auch erreichen. Nur wenn wir es exakt formulieren und durchdenken, können wir es im Kopf behalten und damit kreativ experimentieren!

2. Stundenablauf

Begrüßung: Einführung durch den Fachlehrer und Vorstellung des Teams. (5./6. Klasse z. B. Gegenstände, die typisch für die einzelnen Teamler sind, an der Tafel anmalen und raten lassen: Was ist das? Zu wem von uns passt das? Oder Gegenstände mitbringen und zuordnen lassen.)

Ein *Team* sollte möglichst aus mindestens zwei Mitarbeitern bestehen. Natürlich ist es auch möglich, allein Unterricht zu halten, allerdings wird er sich in seiner Form dann weniger vom „Wenn alles schläft und einer spricht“ unterscheiden. Optimal ist eine Teamgröße von vier Personen, um im Verlauf der Stunde Kleingruppengespräche anbieten zu können.

(In den folgenden Unterrichtsentwürfen wird die Vorstellung des Teams vorausgesetzt.)

Attention*: Ein Einstieg durch ein Anspiel, eine CD-Einspielung etc. soll zum Thema hinführen und Aufmerksamkeit (*attention*) wecken/provozieren.

Application*:

Input: Hier geht es um die Anwendung (*application*) des Themas auf mein persönliches Leben. Meine christliche Position soll dargestellt werden, allerdings nicht allgemein, sondern als meine persönliche Position. Wenn biblische Texte zitiert oder gemeinsam gelesen werden, empfiehlt sich die Übersetzung „Hoffnung für alle“ oder „Die Gute Nachricht“. Gut aufgemachte Bibeln - im verständlichen Deutsch - lösen so manches Mal einen Aha-Effekt aus: „Was, das ist ‘ne Bibel?“

In Absprache mit dem Lehrer können evtl. Neue Testamente nach dem Unterricht verschenkt oder verkauft werden.

Aber Vorsicht: Wahllos verteilte Exemplare finden sich hinterher in unerkennbaren Zuständen an den unmöglichsten Ecken wieder... Deshalb besser weniger und gezielt weitergeben, als das Buch der Bücher unbeabsichtigt billig und lächerlich zu machen!

Talk: Nun ist Zeit für Schülermeinungen und -fragen. Bewährt haben sich hier Gespräche in Kleingruppen von 4-6 Schülern mit je einem Teamler. Sind dazu nicht genügend Mitarbeiter vorhanden, kann auch im Plenum diskutiert werden. Leider sind es dann meistens nur ein paar Schüler, die sich beteiligen und die die Klassenatmosphäre bestimmen. In Kleingruppen kommen dagegen fast alle Schüler zu Wort - und können ungezwungener ihre persönliche Meinung äußern. Außerdem entsteht dadurch auch eine größere persönliche Nähe und darum geht es uns ja neben allen inhaltlichen Diskussionen und Auseinandersetzungen auch.

Statements: Wie wichtig persönliche Berichte sind, haben wir schon gesehen. An diesem Punkt ist nun Raum dazu!

Appeal*: Herausforderung an die Schüler, sich eine eigene Meinung zu bilden oder einen Schritt zu wagen - das kann auch durch einen persönlichen Bericht geschehen - oder durch ein Experiment, Spiel, Zitat etc.

Abschluss: Danke für's Zuhören - und dass wir kommen konnten! (In den folgenden Entwürfen wird dies vorausgesetzt und nicht immer wiederholt!)

* Die drei A's (Attention, Application, Appeal) sind aus einer Schulung des PAIS-Projects übernommen.

III.
Unterrichts-entwürfe

1. Angst

Klassenstufen: 5-7
Besonderheiten: sehr hoher Gesprächsbedarf (zweite Stunde evtl. mit einplanen!)
Zielgedanke: Angst gehört zu unserem Leben, Gott möchte uns in unserer Angst ganz nah sein.
Fortsetzung: Gott als Freund (6) oder umgekehrt
Benötigtes Material: Marsmännchenkostüm, Tonbandattrappe, Banane als Mikro, Folie, Folienstift, OHP, Augenbinde, Arbeitsblatt A1, Vorlage A1/Team

Attention

Marsmännchen-Interview

Gegen Ende der Team-Vorstellung klopft es an die Tür des Klassenzimmers und ein „grünes Männchen" betritt den Raum. Über seinen Raumschifforter hat es gehört, dass in dieser Klasse heute über das Thema „Angst" geredet werden soll, und da „Angst" auf seinem Heimatplaneten bisher unbekannt ist, wurde dieser Außerirdische zu einer Visite in Klasse XY beordert... Nun geht er also durch die Reihen und interviewt die Schüler: Was ist Angst? Kann das jemand erklären? Wann hat man Angst? Auch persönlich: Hattest du schon mal Angst? Wie fühlt sich das an? Kann man da etwas dagegen tun?

Application

Spiel: Galgenmännchen

Es gibt jemanden, der wirklich niemals Angst hat. Könnt ihr diese Person erraten? *Pippi Lotta Viktualia Rollgardina Pfefferminz Ephraimstochter Langstrumpf*

Die Anzahl der Striche dafür am besten auf Folie vorbereiten, damit es schneller geht und man sich auch sicher nicht verzählt. Die Klasse spielt gemeinsam, indem jeder auf Meldung Buchsta-

benvorschläge machen kann. Kommt der genannte Buchstabe vor, wird er auf den Strichen eingetragen, wenn nicht, dann wird ein weiterer Strich am Galgen angefügt.
Wenn jemand meint, er hätte die Lösung gefunden, so darf er raten. Ist der Vorschlag falsch, scheidet sie/er allerdings aus (ein weiterer Strich kommt an den Galgen).

Input: Es gibt keinen Menschen, der keine Angst hat - höchstens im Fernsehen. Manchmal ist Angst sogar überlebenswichtig, z. B. Angst vor Feuer oder wenn ein Auto zu schnell um die Ecke kommt (Kinder erzählen lassen).

Experiment: Fallenlassen
Ein Freiwilliger lässt sich auf das Kommando „Los“ dreimal hintereinander mit verbundenen Augen rückwärts fallen, wobei sie/er immer ein bisschen tiefer aufgefangen wird.
Der zweite Freiwillige bekommt die gleiche Aufgabe - beim dritten Mal gibt ihm der Spielleiter jedoch die Anweisung „Los“ von vorne (während er vorher immer derjenige war, der aufgefangen hat, steht jetzt unbemerkt ein anderer Mitarbeiter bereit). Traut sie/er sich? (Anmerkung: möglichst knapp vor dem Boden auffangen!)

Talk: Worauf verlasst ihr euch? Wem vertraut ihr und warum?

Arbeitsblatt Danielgeschichte (Arbeitsblatt A1 und A1/Team)
Bilder in die richtige Reihenfolge bringen, dabei Story erzählen. Daniel hat sicher Angst gehabt, als er wusste, dass er etwas Verbotenes tat. Und dann natürlich in der Grube mit den Löwen. Aber er wusste auch: Gott wird ihn nicht im Stich lassen.

Appeal

Statement: Ein Teamler erzählt ein Beispiel, wo Gott ihr/ihm in seiner Angst ganz nah war.
Wenn ihr mal wieder Angst bekommt, denkt daran: Gott ist bei euch! (Merksatz A1-Team)

1.1 Arbeitslosigkeit – Umgang mit Perspektivlosigkeit

Klassenstufen: 9-10, bevorzugt Real-, Haupt- oder Gesamtschulen
Besonderheiten: Trotz steigender Arbeitslosigkeit im Allgemeinen empfinden viele Schüler keine persönliche Betroffenheit, daher allgemein auf Perspektiven für unser Leben eingehen.
Zielgedanke: Gott hat Interesse an uns! Er möchte uns seine Perspektive für unser Leben geben.
Fortsetzung: Gottesexistenz (7) und Gottesbild (7.1)
Benötigtes Material: Handy, Arbeitsblatt A1.1, OHP, Folie A1.1a, A1.1b, A12a, Auflösung A12a/Team, Bibel (NT), Folienstift

Attention

Während die aktuellen Arbeitslosenquoten Ost/West bzw. der Region an die Tafel geschrieben werden, klingelt bei Teamler A das Handy. A entschuldigt sich „...muss wohl wichtig sein“, nimmt den Anruf an: „Ach, hallo Mama...“ (scheint ihm peinlich). „Was, die Bewerbung von XY (Firma, die den Schülern bekannt ist) ist auch zurückgekommen? - Eh, das war jetzt die letzte. - Nein, die von YZ kam letzte Woche schon, das war auch nix. - Wo soll ich noch hinschreiben? Ach, Mama, die suchen schon seit zwei Monaten keinen mehr. - Ja, ganz sicher. - Nein, da bringt es gar nix, dass ich den Personalchef letztens bei McDonald’s bedient hab’. - Doch, er hat mich wieder erkannt, aber er kann doch keine Stellen zaubern! - Der Michael? - Nein, ich glaube, der hat noch keine Absage. - Kann sein, dass er die Stelle hat. - Nein, das ist doch klar, Mama, der hat schließlich auch’n Schnitt

von 1,8. - Nein, Mama, ich geb' jetzt nicht auf. - Ja, bei McDoof verdien' ich auch nicht schlecht. - Gut, bis nachher dann - tschau!" A steckt das Handy weg und lässt sich frustriert auf einen Stuhl fallen.

Application

Kleingruppen

Arbeitsblatt A1.1 mit Blancosprechblasen ausfüllen lassen:
Welche Perspektiven habt ihr für das „Leben nach der Schule"? Wie geht ihr mit dem Unterschied zwischen Träumen und Realität um?

Folien-Fakten (Folie A1.1a) zusammengestellt aus der 13. Shell-Jugendstudie 2000

„Mein Glaube hat mir geholfen" (Folie A1.1b)

Input: Ob Beten hilft oder nicht, da gibt's sicher unterschiedliche Meinungen.
Angenommen es stimmt, dass es einen Gott gibt, dann ist ja noch nicht bewiesen, dass es ihn irgendwie interessiert, was hier „unten" abläuft und wie's uns damit geht.
Den Gott, wie er in der Bibel beschrieben wird, interessiert es brennend: *gemeinsam Mt 6, 25-34* (Hoffnung für alle)

Statements: Mit Bezug auf den Matthäustext:
Wie gehen wir mit hoffnungslosen Situationen um?
Wo haben wir erfahren, dass Gott eine neue Perspektive aufzeigt? Dass er für uns sorgt?

Special guests!
Zu diesem Thema bietet es sich an, einen arbeitslosen Christen zu interviewen oder einen Familienvater, dessen Stelle bedroht ist (...).
Ein weiterer Schwerpunkt zum Thema Perspektivlosigkeit kann

zum Beispiel durch den Bericht eines behinderten Christen gesetzt werden, dessen Zukunftsaussichten zunächst nicht optimal erscheinen.

Appeal

Dots-Folie (Folie A12a)

Ein Freiwilliger soll versuchen, die neun Punkte mit vier geraden Linien (Auflösung A12a/Team) zu verbinden ohne den Stift abzusetzen.

So wie man bei diesem Spiel über den gesetzten Rahmen hinausgehen muss, will auch Gott unseren Rahmen sprengen. Wir sehen meistens nur unsere eigenen Möglichkeiten oder Grenzen. Gott möchte uns eine viel weitere Perspektive für unser Leben zeigen.

2. Auferstehung

Klassenstufen: 8-13
Besonderheiten: In den Klassen 10-13 kann das Arbeitsblatt „Auferstehung“ (A2b) benutzt werden.
Zielgedanke: Historische Wahrscheinlichkeiten und ihre Konsequenzen!
Fortsetzung: Sinn des Lebens (12) oder ein Pausentreff „deeper“, wo weitere Fragen beantwortet werden.
Benötigtes Material: Spiel A2, evtl. Preis, Bibeln (NT), 3-D-Karten bzw. Vorlage A2a, Vorlage A2b

Attention

Spiel: Ich glaub's oder Ich glaub's nicht (Vorlage A2)
Tipps per Handzeichen abgeben!

Application

Talk: Wer weiß, wer 1974 Fußball-Weltmeister war? (Deutschland) Woher wißt ihr das? Woher bekommt man vertrauenswürdige Informationen? (damalige Spieler fragen, Medien, Augenzeugen, z. B. Eltern, Fußballchroniken) Warum glaubt ihr dem?

Input: Stellt euch vor: Es geht um ein Ereignis, das - wie die Weltmeisterschaft 1974 - über 25 Jahre zurückliegt. Dieses Ereignis wird sehr kritisch in Frage gestellt, keiner kann's so richtig glauben.

Ein Mann, der aus eigener Erfahrung weiß, dass es stattgefunden hat, gibt in einem Brief genau diese Ratschläge: Fragt doch jemanden, der dabei war. Ist doch ganz einfach, die müssen's doch wissen!

Das war vor etwa 2000 Jahren. Es geht um die Behauptung, Jesus wäre nach seiner Hinrichtung wieder zum Leben auferstanden. Kein Wunder, dass das keiner so richtig glauben kann. Ich lese euch einmal aus diesem Brief vor, der übrigens von Paulus geschrieben wurde, etwa 55 n. Chr., also 25 Jahre nach dieser spektakulären Kreuzigung: *1. Kor 15,3-8 vorlesen.*

Außer den Augenzeugen verweist Paulus hier noch auf eine andere Quelle, nämlich auf alte Schriften, die dieses Ereignis prophetisch vorausgesagt hatten. Also eigentlich ganz einfach. Und trotzdem von vielen bis heute bezweifelt. So etwas gab es ja auch noch nie.

3-D-Bilder (Vorlage A2a)
Mindestens jeder zweite Schüler bekommt ein 3-D-Kärtchen. Was seht ihr? Außer dem Wort „special" und vielen kleinen Sternchen sind im 3-D-Effekt drei unterschiedlich große Sterne zu sehen, die versetzt voreinander liegen.

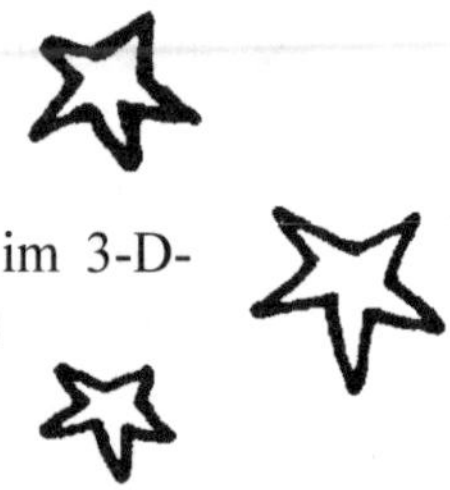

Input: Nur weil wir uns etwas nicht so richtig vorstellen können, heißt das noch lange nicht, dass es das nicht gibt... Dinge, die unser Sehen und Denken, unsere eigenen Dimensionen übersteigen, hält man heute für ziemlich wahrscheinlich. Aber dass jemand nach seiner Hinrichtung wieder lebend herumläuft und von sich behauptet, er hätte den Weg zu Gott frei gemacht, das klingt doch sehr abgedreht. Sogar für die Leute damals.

Kleingruppen (Vorlage A2b)
Was denkt ihr, wer Jesus war? Was spricht für/ gegen den Glauben an die Auferstehung? Was denkst du, müsste passieren, damit du das glauben könntest?

Appeal

Statements: Erlebnisse mit dem Auferstandenen heute! Wo wird das bei uns konkret?

3. Basics - Festen Grund im Leben

Klassenstufen: 8-12
Besonderheiten: Beim Benennen der Hochs und Tiefs im Leben sollte Raum für die Erfahrungen der Schüler sein.
Zielgedanke: Den Schülern soll bewusst werden, dass Gott ein Interesse an ihrem Leben hat und in allen Lebenslagen dabei ist und Halt bietet.
Fortsetzung: Gottesexistenz (7) und Gottesbild (7.1)
Benötigtes Material: CD WWMT, CD-Player, Vorlage A3, Kreide, Einrad, Stuhl, Rattenfalle, Pappe, Auflösung A12a/Team

Attention

WWMT (CD) - „I've got the real thing"
• Um das *Eigentliche im Leben*, nämlich um das, was trägt und hält, soll's heute gehen.

Application

Tafelbild (Vorlage A3)
Gemeinsam wird eine Lebenslinie erstellt, Höhen und Tiefen genannt und eingezeichnet: Eine typische Lebenskarriere - wenn's denn optimal läuft, und eine vergleichsweise „normale" Linie: Achterbahnfahrten (Auf und Ab) gibt's bei jedem!

Talk: Egal, wie's verläuft, eins haben alle Lebenslinien gemeinsam - sie enden mit dem Tod. Spätestens an diesem Punkt ist es gut zu wissen, dass es bei allem Auf und Ab eine feste Basis gibt: Was trägt im Leben? Was ist eine solide Grundlage?

Experiment: Einrad
Ein Freiwilliger wird nach vorn gebeten, um Einradfahren auszuprobieren. Sobald er einigermaßen sicher sitzt, bekommt er dazu noch einen Stuhl in die Hand gedrückt.
Nachdem er wieder abgestiegen ist (oder aufgibt), soll er den

Stuhl nochmals hochhalten - einfach so... Normalerweise kein Problem.

Input: Mit festem Grund unter den Füßen ist es kein Problem, ein paar Herausforderungen zu meistern, z. B. einen Stuhl mit einem Arm in der Luft zu halten.
Auf so einem wackligen Gefährt (Einrad) kann das allerdings leicht in einer Katastrophe enden.

Tafelbildergänzung
Es gibt einen festen Grund unter dem Auf und Ab unseres Lebens - was auch passiert, wir werden aufgefangen (an der Tafel einzeichnen - Doppellinie).

Statements: Wo haben wir es schon erlebt, dass Gott ein fester Grund in unseren Alltagsturbulenzen ist? Beispiele: Umgang mit Leiderfahrung: Krankheiten, Todesfälle, Beziehungsverletzungen. (Evtl. Bibelstellen zitieren, die geholfen haben, an diesen festen Grund zu glauben, auch wenn alle äußeren Umstände dagegen sprachen.)

Appeal

Rattenfalle (Auflösung A12a/Team)
Sich Gott mit seinen Problemen anzuvertrauen erfordert Mut - und konkrete Schritte!

4. Die Bibel

Klassenstufen: 7-13
Besonderheiten: In den Klassen 7 und 8 ist eine Ironie über BRAVO & Co evtl. nicht angebracht, da sich echte Fans unter den Schülern befinden könnten! (Gerade dann sollte in den Kleingruppen darüber gesprochen werden!)
Zielgedanke: Die Schüler sollen Interesse daran bekommen, selbst in der Bibel zu lesen. Vorurteile sollen entkräftet werden.
Fortsetzung: Alpha-Glaubenskurse oder missionarisches Bibellesen im Pausentreff (SBK), Liebe (8) oder UR-Reihe Gottesexistenz-Sünde-Kreuz-Auferstehung
Benötigtes Material: Folie A4, A4a, A4b, A4c, Vor-lage A4/Team, OHP, CD BravoHits 20, CD-Player, Diabolo, Tasche mit: ADAC-Notruf und Handy, Kochbuch, Jonglagehandbuch, drei Sorten Pringles

Attention

Folie mit einem großen „?“ auflegen (A4) - Unser Thema heute: *Ganz, ganz viele Fragen . . .*

Pantomime *CD Guano Apes „Open your Eyes“*
A kommt im Auto angefahren, hat eine Panne, bemüht sich, das Auto zu reparieren, kriegt die Kiste nicht zum Laufen, tritt einmal kräftig vor den Kühler, bleibt ratlos davor stehen. EINFRIEREN

B will etwas kochen, greift wahllos zu den Zutaten, ist mit Begeiste-rung dabei, will etwas kosten, ungenießbar, versucht es zu retten, indem er alles Mögliche hineinschmeißt, keine Chance, ihm wird schlecht, er muss sich übergeben. EINFRIEREN

C versucht, Diabolo zu jonglieren, verheddert sich mit der Schnur, Diabolo fällt immer wieder runter. EINFRIEREN
MUSIKSTOP

Frage an Schüler: Ist diesen Leuten noch zu helfen? Habt ihr eine Idee? Ein Freiwilliger bekommt eine Tasche mit verschiedenen Utensilien in die Hand gedrückt und soll mal sehen, was sich machen lässt. Sobald A, B und C die richtigen Tipps in der Hand haben (falls vom Freiwilligen nicht richtig verteilt, dann einfach ratlos in den Büchern blättern und untereinander tauschen), die Musik wieder starten und allen dreien gelingt, was sie vor hatten: A steigt ins Auto und fährt weiter; B findet die rettenden Zutaten, kostet und ist begeistert; C zeigt ein Diabolo-Kunststück. ENDE

Application

Folien-Blitzlichter (Folie A4a)

Es gibt noch ganz andere Ratgeber für unser Leben - für durchaus wichtigere Dinge als Autofahren, Kochen oder Jonglieren. Hier einige der wichtigsten Überlebensfragen ;-) z. B. Ferien-Flirt: Wo findest du die heißesten Boys?

Kleingruppen-Talk: Was haltet ihr von solchen Artikeln in Jugendzeitschriften? Wen fragt ihr? Wem vertraut ihr?

Promi-Zitate (Folien A4b, A4c: Whitney Houston, Udo Bölts)

Statements: Leider konnten wir keinen dieser Promis für heute einladen, dafür können wir euch aber erzählen, was wir an diesem uralten Schinken so gut finden, warum wir in der Bibel lesen und was uns das bringt...

- Konkrete Beispiele, wo wir die Bibel als Lebenshilfe erleben.

Tafel: Was spricht für/gegen die Glaubwürdigkeit der Bibel? Pro & Contra sammeln.

Facts zum Weltbestseller (Vorlage A4/Team, evtl. als Quiz)

Appeal

Pringles-Test (Vorlage A4/Team)

5. GEWISSEN

Klassenstufen: 7-8
Besonderheiten: Da für die meisten Jugendlichen Lästern und Lügen inzwischen dazugehören, ist kaum zu erwarten, dass sie eine Notwendigkeit sehen, auf ihre „innere Stimme“ zu hören.
Zielgedanke: Es ist nicht okay, dass jeder nur an sich denkt. Gott hat sich das Leben ursprünglich viel besser ausgedacht. Durch unser Gewissen will er uns zeigen, was gut und richtig ist.
Fortsetzung: Thema Schuld/Kreuz - Text aus Hebräer 10,22 f., siehe auch Trennung von Gott (13, 13.1)
Benötigtes Material: CD Prinzen, Liedtext „Ein Schwein sein...“, CD-Player, Marsmännchenkostüm, Kreide, Augenbinde, stabiles Brett

Attention

CD Prinzen: „Du musst ein Schwein sein..."

Marsmännchen-Interview

Die Musik wird leiser gedreht und ein „grünes Männchen“ betritt den Raum. Wir haben es zufällig auf dem Weg zur Schule getroffen und als es gehört hat, dass es in dieser Klasse heute um das Thema „Gewissen“ geht, hat es sich kurzerhand entschlossen mal vorbeizukommen. Wer kann diesem Typen erklären, was „Gewissen“ ist? Was ist ein Gewissen? Wann spürt man es und wie? Warum gibt es sowas? Wo kommt das Gewissen her?

Application

Welche Möglichkeiten gibt es, mit einem schlechten Gewissen umzugehen?

Beispiele erzählen lassen, an der Tafel sammeln

- Sündenbock suchen: liegt an Erziehung, am Gruppenzwang
- Argumente suchen, die mich verteidigen: hatte keine Wahl

• Verdrängung: nicht davon reden, jemandem ausweichen
• Das machen doch alle so!
• (...)
• Aber auch: Ich will versuchen, mich zu entschuldigen und die Sache in Ordnung zu bringen (unbequemer Weg)

Bevor sich der Außerirdische nun wieder verabschiedet, stellt er noch fest: *Ein schlechtes Gewissen zuzulassen und ihm Recht zu geben, dazu gehört MUT!*

Experiment: „Mutprobe“
Einem Freiwilligen werden die Augen verbunden. Dann muss sie/er auf ein Brett steigen, das von zwei Teamlern hochgehoben wird - angeblich auf Schulterhöhe. In Wirklichkeit gehen die beiden aber in die Knie und stützen so das Brett auf den Schultern ab (vorher unbedingt üben!). Auch die dritte Person, die den Frei-willigen während dieser Zeit an einer Hand festhält, geht mit in die Knie und fordert ihn schließlich auf zu springen. Dazu gehört Mut, obwohl's im Endeffekt gar nicht so schlimm ist...

Statement: Gott fordert von uns Mut, manchmal gegen den Strom zu schwimmen; er stärkt uns dazu aber auch den Rücken (konkretes Beispiel erzählen).

Appeal

Kleingruppen
• Wo würde sich in unserer Gesellschaft etwas positiv verändern, wenn wir mehr Mut hätten, auf unser Gewissen zu hören? Was tut man nur, weil es alle machen, obwohl es eigentlich nicht korrekt ist (z. B. Lästern, Schwindeln)?
• Wer sagt unserem Gewissen, was gut und was schlecht ist? Kann es sein, dass unser Gewissen so etwas wie eine Stimme Gottes ist, mit der er uns zeigen will, wie Leben gut funktionieren kann? Kann es sein, dass Gott an deiner ganz persönlichen Lebensgestaltung Interesse hat und dir deshalb auch etwas zu sagen hat?

6. Gott als Freund

Klassenstufen: 5-7
Besonderheiten: Die Geheimschrift kann aus Zeit-gründen wegfallen
Zielgedanke: Gott - unsichtbar, aber durch Jesus greifbar nah
Fortsetzung: Angst (1) oder umgekehrt
Benötigtes Material: Schokolollis, Arbeitsblatt A6, A6a, kleines Radio

Attention

Heute ist ein besonderer Tag. Was ist heute so besonders?
Antwort: Nur noch (x) Tage bis Heiligabend!
Weihnachtsmannlollis verteilen (falls z. Zt. käuflich).
Frage: Was gehört für euch, außer Lollis, noch zu Weihnachten? Begriffe nennen lassen.

Tatort Bethlehem (Arbeitsblatt A6 oben)
Was ist damals eigentlich passiert? Die Frage mit Hilfe des Lukasevangeliums (Kapitel 2) in Kleingruppen erarbeiten.

Überleitung: Warum reden wir ausgerechnet heute von Weihnachten? Wir wollen euch einen ganz besonderen Freund vorstellen: Gott. Das Ganze hat nur einen Haken: Diesen Freund kann man nicht sehen. Also doch kein so guter Freund? Jesus ist ein Gott zum Anfassen.

Kleingruppen-Talk
Was wisst ihr sonst noch von Jesus?

Das Ganze hat dann noch einen zweiten Haken: Das mit Jesus war vor 2000 Jahren. Was hab' ich davon, dass Gott damals zum Anfassen da war, ich ihn aber heute ja immer noch nicht (oder nicht mehr) anfassen kann?
Jesus ist ja damals - wie jeder Mensch - gestorben. Allerdings keinen natürlichen Tod aus Altersschwäche:

Tatort Golgatha (Arbeitsblatt A6 unten)
Das Arbeitsblatt wieder gemeinsam in den Kleingruppen ausfüllen.

Statements
Was hilft uns, ohne handfeste Beweise daran zu glauben, dass Jesus heute lebt? Konkrete Beispiele erzählen, wo wir seine Realität erfahren, wo er unser Freund ist, uns zur Seite steht und spüren lässt, dass wir nicht allein sind. Betonung auf *Gebet* legen, weil das unsere Möglichkeit ist, „auf Empfang" zu schalten (siehe Appeal).

Geheimschrift entziffern (Arbeitsblatt A6a)

Appeal

Stellt euch vor, wir hätten einen Gast aus dem Mittelalter eingeladen und würden ihm von den zigtausend Wellen erzählen, die hier durch den Raum schwirren - der würde uns für verrückt erklären oder anfangen in allen Ecken, unter den Tischen, in euren Taschen danach zu suchen.
Habt ihr eine Idee, wie man's ihm beweisen könnte? (Radio!)
Wahrscheinlich würde dieser Typ jetzt immer noch nicht begreifen, was da abgeht, aber er würde uns vermutlich glauben, dass es diese Wellen hier im Raum gibt, auch wenn er sie nicht sieht.

Leider gibt es kein „Jesus-Sicht-Gerät", aber es kommt auf euch an, ob ihr auf Empfang stellen wollt oder nicht. Jesus ist da, genau wie diese Wellen hier im Raum und ohne dass man es sieht. *Wenn ihr auf Empfang gehen wollt, könnt ihr einfach mit ihm reden. Er steht direkt neben euch. Das ist echt ein ganz besonderer Freund!*

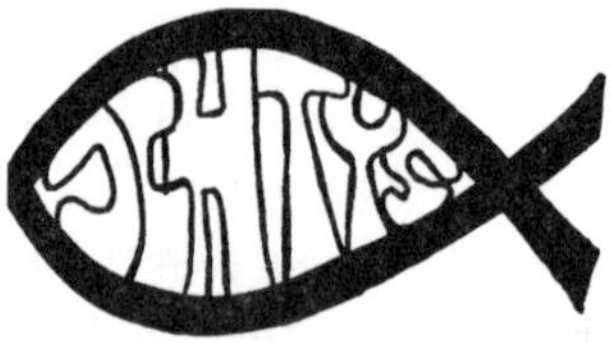

7. Gottesexistenz

Klassenstufen: 5-13
Besonderheiten: In den Klassen 5-8 empfiehlt es sich mit verschiedenen Arbeitsblättern zu arbeiten.
Bei Diskussionen mit muslimischen Schülern deren Meinung über Jesus stehen lassen!
Zielgedanke: Viele Menschen glauben an ein höheres Wesen. Persönlicher Gott statt undefinierbare Kräfte. Vorurteile gegenüber dem Gott der Bibel abbauen.
Fortsetzung: *5-7:* Gottesbild (7.1), 8-10: Trennung von Gott (13)
Benötigtes Material: CD Kuschelrock 11, CD-Player, Arbeitsblatt A7, A7b, Folie A7a, OHP, Liedtext Joan Osborne „One of us", Plakate, dicke Stifte, Rattenfalle, Pappe, Auflösung A12a/Team

Attention

Heute geht es um ein wichtiges Thema in der Musik.
Nein, es ist nicht das Thema No. 1: Liebe - aber mindestens das Thema No. 2: *Der Glaube an etwas Höheres in irgendeiner Form.* Dazu einige Beispiele, die ihr sicher kennt.

Schreibt die Titel und Interpreten mit (in unteren Klassen mit Arbeitsblatt A7) - wir sind gespannt, ob ihr alles erraten könnt.

Zusammenschnitt verschiedener Songs einspielen (je Song etwa 1-2 Min.). Danach alle Titel einzeln durchgehen (von den Schülern nennen lassen) und ergänzen, worum es ungefähr darin geht.
Beispiele: Dune „Who wants to live forever" - ewiges Leben; R. Kelly „I believe I can fly" - den Himmel berühren, Kontakt zu Höherem; Robbie Williams „Loving Angels" - Vorstellung des Schutzengels

Application

(Folie A7a) *„Gibt es einen Gott?"* Um diese Frage soll es jetzt gehen.

Kleingruppen-Talk

An wen oder was glauben Menschen heute? Warum ist es scheinbar wichtig für uns, an etwas Höheres zu glauben? Wie stellt ihr euch einen Gott vor, wenn es ihn denn gibt?
In unteren Klassen kann es hilfreich sein, zwei Plakate pro Kleingruppe vorzubereiten, auf denen die Schüler ihre Antworten notieren können:
1. Gibt es einen Gott? Warum (nicht)? Wie stellst du ihn dir vor?
2. Was würdest du tun, wenn du Gott wärest, damit Menschen wieder an dich glauben?

Joan Osborne - One of us (CD KR11, Liedtext „One of us")
Nach dem Einspielen sinngemäß übersetzen, wovon das Lied handelt. Was wäre, wenn Gott einer von uns wäre? Antwort... *Jesus?!*

> **Input:** Historische Wahrscheinlichkeit, dass Jesus gelebt hat. Augenzeugenberichte der Evangelien sind historisch genauer als alle historischen Berichte über Caesar; sie wurden schon wenige Jahre nach Jesus aufgeschrieben. Die röm. Geschichtsschreibung nennt die Person Jesus außerhalb der Bibel (nicht unbedingt in religiösen Zusammenhängen, aber als historisches Faktum). Bleibt die Frage: Wer war Jesus? War er „nur ein guter Mensch"? Dann aber wohl ein großer Fanatiker, der immerhin von sich behauptete, Gott zu sein. *Oder: Er war Gott.*

Kleingruppen

Wer war Jesus? Was spricht dafür bzw. dagegen, dass er Gott war? In den Klassen 5-7 kann an dieser Stelle der Jesus-Steckbrief ausgefüllt werden (Arbeitsblatt A7b).

Appeal

Rattenfalle (Auflösung A12a/Team)

7.1 Gottesbild

Klassenstufen: 5-7
Besonderheiten: Beim Experiment kann es gelegentlich zu nicht ganz unerheblichen Beeinträchtigungen des Unterrichts in den Nachbarklassen kommen. :-)
Zielgedanke: Gott kann ich vertrauen. Er will mich führen.
Fortsetzung: Als Fortsetzung von Gottesexistenz (7)
Benötigtes Material: Kreide, Vorlage A7.1, Arbeitsblatt A7.1a, Augenbinde, Ohropax für den Lehrer :-)

Attention

Galgenmännchen (Tafel - vgl. Stundenentwurf 1)
„Ich bin der gute Hirte“

Application

Input

Letzte Stunde ging es darum, dass Gott kein Gott ist, der weit weg ist oder irgendwie vom Himmel herunter schaut und mehr oder weniger interessiert ist, was wir hier so tun. Gott kam selbst als Mensch auf diese Erde - mittenhinein. Durch Jesus.
Jesus hat den Menschen damals viele Geschichten erzählt um ihnen zu erklären, wie Gott ist, weil wir ihn eben nicht sehen oder anfassen können. In einer Geschichte hat er diesen Satz gesagt: „Ich bin der gute Hirte“ (steht als Lösung noch an der Tafel).
Was er damit meint, werden wir gleich sehen.

Mitmachgeschichte: „Das verlorene Schaf“ (A7.1 - vorlesen)
Es werden vier Gruppen eingeteilt, die jeweils auf ein Stichwort reagieren müssen:

Schaf - kräftiges „Määh“
Klein, kleines - „Ach, wie niedlich!“
köstlich - bauchreibendes „Hmmm“
Hirte - dunkles „Ho-hoo“

Input: Menschen wollen ohne Gott leben. Wir denken, dass Gott uns das Beste vorenthält. Wenn wir uns von Gott abwenden und nichts mehr mit ihm zu tun haben wollen, ist er wie der gute Hirte, der uns hinterhergeht und sucht.

Statements: Wo haben wir das schon erlebt, dass wir Gott weggelaufen sind und er uns wieder findet und in seine Arme nimmt?

Kleingruppen: „Schaf“ (Arbeitsblatt A7.1a)
Als Arbeitsblatt oder an die Tafel zum Abmalen zeichnen.
In eine Sprechblase sollen sie dann hineinschreiben, was sie als Schaf Jesus gegenüber sagen/fragen würden, wenn er als der gute Hirte vor ihnen stünde. In den Kleingruppen kann dabei direkt darüber gesprochen werden.

Appeal

Experiment

Ein Freiwilliger soll mit verbundenen Augen über die Tische laufen - ein anderer Schüler seiner Wahl ruft ihm zu, wie er laufen muss (aber Vorsicht: *alle* dürfen zwischenrufen - der Freiwillige darf dabei nicht berührt werden).

Input: Wenn wir Gottes Stimme hören wollen, müssen wir genau hinhören - Gott wird oft von so vielen anderen Stimmen übertönt! Alle meinen uns sagen zu müssen, was wir in unserem Leben zu tun und zu lassen haben - aber Gott können wir vertrauen, dass er uns nicht irgendwo auflaufen lassen will und sich nicht freut, wenn wir einen Fehltritt tun.

8. Liebe (Gott als Vater)

Klassenstufen: 10-13
Besonderheiten: Da die Schüler beim Thema „Liebe" mit Sicherheit etwas anderes erwarten, sollte im Vorfeld keine falsche Hoffnung geweckt werden. (Nein, das Thema heißt nicht „Sex"!)
Zielgedanke: Gott weiß von unseren Verletzungen und Enttäuschungen. Er will uns wirklich ein guter Vater sein.
Fortsetzung: Diese Stunde kann Auftakt zu einer längeren Einheit „Liebe" sein (vgl. Thema No. 1 (9))
Benötigtes Material: Videospot „Werbung", Videorekorder, Kreide, Bibel (NT), Videospot „Vater"

Hinweis: Das Thema Liebe ist sehr vielfältig. Deshalb wird sich jetzt auch nur mit *einem* Aspekt befasst, nämlich der Liebe zwischen Eltern und Kindern. Einer wirklich grundlegenden Liebe.

Attention

Videospot: „Werbung"
Zusammenschnitt von Werbeszenen, die eine heile Eltern-Kind-Beziehung widerspiegeln, z. B. Kinderriegel, Punica, Euro, Rama, Wüstenrot, Plakate „Mehr Zeit für Kinder"...

Application

Tafelbild: Gegenüberstellung Erwartungen - Enttäuschungen
Frage: Wie stellt ihr euch die „perfekten" Eltern vor - was ist euch wichtig? Danach wird das Tafelbild um eine zweite Spalte ergänzt, um auf den Boden der Tatsachen zurückzukommen: Wo werden wir oft enttäuscht? (Erfahrungswelt der Schüler)
Gott benutzt gerade dieses Bild, das wir alle kennen, um seine

Beziehung zu uns deutlich zu machen. Das ist eine große Hilfe, weil wir Gott nicht sehen können und er deshalb oft so weit weg erscheint. Wenn man von einer Eltern-Kind-Beziehung spricht, dann weiß jeder, was dazugehört.

Lukas 15: „Verlorener Sohn"
Gott als liebender Vater in der Bibel. Bibeln austeilen, gemeinsam lesen und Gott als liebenden Vater entdecken.
Kleingruppen
Mit welchen Eigenschaften wird der Vater in dieser Geschichte dargestellt? Warum hat er den Sohn gehen lassen? Könnt ihr euch Gott als solch einen Vater vorstellen? Warum (nicht)?

Input: Im Grunde hat jeder Mensch ein wahnsinnsgroßes Liebesbedürfnis, aber oft erleben wir gerade an diesem Punkt schwere Enttäuschungen. Wenn es stimmt, dass Gott uns als seine Kinder geschaffen hat und unser liebender Vater sein will - dann ist es logisch, dass uns etwas fehlt, wenn wir Gott nicht tatsächlich als liebenden Vater erleben. Dann bleiben wir *immer irgendwie auf der Suche*, weil es „perfekte" Liebe nicht gibt - von den besten Eltern nicht und auch nicht vom weltallerbesten „Traumpartner".

Statements: Wo erleben wir, dass Gott durch seine Liebe Verletzungen heilt, wo wir z. B. von unseren Eltern enttäuscht wurden? Was bedeutet uns Gott als Vater - was heißt es für uns, zu ihm „nach Hause" kommen zu können?

Appeal

Stell' dir vor, Gott wartet nur darauf, dass du in seine Arme läufst!
Was würdest du tun?
Nochmals eine „Heile-Welt-Szene" auf Video abspielen, wo ein Kind in die Arme des Vaters läuft - Werbespot oder aktueller Filmausschnitt ohne Ton.

9. Thema No. 1: Liebe, Freundschaft, Sexualität

Klassenstufen: 9-13
Besonderheiten: Die Meinungen der Mädchen bzw. Jungen gehen z. T. sehr auseinander. Manche Mädchen hören zum ersten Mal, dass viele Jungs Beziehungen viel lockerer sehen, als Mädchen das tun...
Zielgedanke: Zur Liebe gehören Verbindlichkeit und Treue, damit's „funktioniert“ - die Schüler sollen ermutigt werden, gegen den Strom zu schwimmen.
Benötigtes Material: Paket mit Brief, Gebrauchsanleitung, Becher oder Glas, versch. Pulver in Filmdosen: Pfeffer, Chili, Curry, Brausetabletten, kleine Flasche Wasser, kleine Flasche Cola, Folie A4a, A9, Liedtext „Mädchen No. 1“, Vorlage A9/Team, OHP, BravoHits-CD 20, Bibeln (AT)

Attention

„Gebrauchsanleitung“

XY hat von einem Freund ein Paket bekommen. Neben verschiedenen Zutaten liegt ein Brief bei: „Hallo XY, hiermit sende ich dir meine neuestes Patent, eine vom Gesundheitsmagazin-Praxis prämierte Fitness-Mischung. Damit das Getränk immer frisch zubereitet werden kann, beachte bitte beiliegende Gebrauchsanleitung. Zu Risiken und Nebenwirkungen...“ XY unterbricht sich, schüttelt wohlwollend den Kopf: „Ach, der gute alte XZ - hat er mal wieder `ne große Entdeckung gemacht. Was das wohl diesmal ist? Na, dann wollen wir mal sehen.“ Er packt das Paket vollständig aus, legt dabei die Gebrauchsanweisung zur Seite. „Wozu denn eine Gebrauchsanweisung, um so ein bisschen Pulver zusammenzurühren.“ XY mischt eine unansehnliche Mixtur zusammen, setzt das Glas an, zögert dann aber und wendet sich an die Schüler: „Möchte nicht jemand von euch mal probieren?“

Überleitung: (durch einen anderen Teamler)
„Das war ja wohl nichts! Vielleicht hätte er jemanden fragen sollen, der sich auskennt! Aber, zugegeben, es gibt tatsächlich *wichtigere Fragen*, als ausgerechnet die, wie ich mir so ein patentiertes Fitnessgetränk zusammenstelle..."
Zum Beispiel:

Application

Folien-Blitzlichter (Folie A4a)

Kleingruppen-Talk

1. Wen fragt ihr, wenn ihr solche (oder ernsthafte) Fragen zum Thema habt?
2. Wie stellt ihr euch euren Partner für's Leben vor?

Der perfekte Freund (Folie A9 und A9/Team)
Klingt alles ziemlich gut, aber gibt es so einen „perfekten Freund" in der Realität?

„Mädchen No. 1" (Bravo-CD 20, Liedtext, Vorlage A9/Team)

Talk: Was haltet ihr von dieser Einstellung zu Freundschaften? Gibt es das? Wer ist „Mädchen No. 1"? Warum glaubt der Typ bei No. 3 noch an die No. 1?

Input: Der Glaube an seine Traumfrau verbaut ihm den Weg zu einer „ewigen" Beziehung, wie er sie sich eigentlich ja wünscht (vgl. Text).
Letztes Blatt an der Tafel aufdecken: Jede engere Beziehung hinterlässt Spuren, wenn sie wieder in die Brüche geht... Beziehungen kann man nicht einfach wegwischen, als wären sie nie dagewesen, ob man das nun möchte oder nicht. Liebe ist etwas irrsinnig Schönes, aber vielleicht sollte man jemanden fragen, der sich auskennt. Das ist wie mit dem

Fitness-Gemisch: Wir bräuchten eine Gebrauchsanleitung oder müssten den Erfinder persönlich befragen, der uns erklärt, wie er sich das ursprünglich gedacht hat...
1. Mose 2, 23-24 vorlesen, „Hoffnung für alle“: zusammengehören - enge Verbindung - eins sein.

Appeal

Statements

Wie gehen wir mit Bravo-Komplexen um? (Wenn du mit 14 noch keine Freundin hast, bist du dann ein Spätentwickler? Wenn du beim Sex nicht mitreden kannst, bist du nicht normal.)
Konkrete Beispiele von Klassenfahrten und -feten (Mut, nicht überall mitzumachen!).

10. Okkultismus

Klassenstufen: 7-8
Besonderheiten: Für Schüler und Lehrer sollte im Vorfeld deutlich sein, dass wir nicht als Okkultismusexperten eingeladen wurden und es deshalb in der Stunde nicht um Praxisknow-how geht.
Zielgedanke: Die Schüler sollen die Realität okkulter Mächte erkennen (keine Spielerei), aber auch sehen, dass Jesus viel mehr Macht hat und es sich deshalb lohnt, ihn kennen zu lernen.
Benötigtes Material: je Gruppe eine Bibel (NT), Augenbinde, Kreide, geschliffener Glastropfen, Lichtquelle

Attention

Okkultismus im Trend - wo hattet ihr bereits Berührungspunkte?
Tafel: Warum ist Okkultismus so attraktiv? Was fasziniert so?

Application

Kleingruppen-Talk

Mit welchen Erwartungen gehen Menschen an so etwas heran? Hält Okkultismus, was er verspricht? Wo liegen evtl. Gefahren?
Gruppenergebnisse kurz zusammentragen.

Input: Okkulte Praktiken sind nicht einfach als Quatsch oder hinterhältige Geldmacherei abzutun. Da stecken tatsächlich Kräfte dahinter! Die Bibel hält die Existenz dämonischer Mächte für absolut real: *Epheser 6,12 und/oder Offb. 12,12 vorlesen* (Kontext dazu kurz erzählen).

Experiment: „Blinder Blindenführer"

Ein Freiwilliger (evtl. auch vom Team) bekommt die Augen verbunden und soll von einem Schüler um Tische und Bänke herumgeführt werden - kein Problem! Aber nun soll dieser Schüler das Ganze noch einmal mit verbundenen Augen wiederholen... Reichlich schwierig; da findet sich so leicht kein Freiwilliger!

Tafel

Bleiben wir in diesem Bildvergleich: Was assoziiert ihr einerseits mit *Licht*, andererseits mit *Dunkelheit*? Stichworte als Gegenüberstellung sammeln.
z. B. Licht: Wärme, Geborgenheit, Sonne, Orientierung; z. B. Dunkelheit: Angst, Einsamkeit, sich verlaufen, Nacht, Höhle

Johannes 8, 12

Die Bibel rechnet mit der Realität dunkler Mächte (s. o.), aber diese Kräfte werden auch nicht überbewertet, weil Jesus immer noch viel stärker ist: Jesus wird in der Bibel im Gegensatz zu den dunklen Mächten als „Licht" beschrieben.

Kleingruppen-Talk (dazu nochmals Johannes 8,12 aufschlagen)
- Wenn Jesus das Licht der Welt ist und Licht (im Bild gesprochen) doch viel attraktiver ist als Dunkelheit: Warum fasziniert den Menschen dann eher das Okkulte statt der christliche Glaube? *Versuchen, Vorurteile zu entkräften!*
- Warum fällt es so schwer, an den Gott der Bibel zu glauben, aber andere Dinge, die viel weniger Hand und Fuß haben, werden kritiklos übernommen? *Evtl. Beispiele aus Sekten anführen:* Universelles Leben glaubt an Ufos, die eines Tages die Sektenmitglieder evakuieren, bevor sie die Erde endgültig vernichten. (Anmerkung: Gerade der Sciencefiction-Boom hat erstaunlich viele Anhänger!)

Appeal

Mit einem geschliffenen Glastropfen Regenbogenfarben projizieren:

Statements: Ein Leben im Licht lohnt sich! Wie sieht „Leben im Licht" konkret aus? Wo erleben wir Gottes Befreiung statt okkulter Einengung?

11. Realitäten, die man nicht sieht

Klassenstufen: 8-13
Besonderheiten: Diese Unterrichtsstunde ist ein Beispiel dafür, wie Bausteine unterschiedlicher Entwürfe neu zusammengepuzzled werden können. Zweifel an den drei Argumenten ernst nehmen, niemanden „überzeugen" wollen.
Zielgedanke: Gott ist erfahrbare Realität - für diesen Glauben gibt es gute Gründe!
Benötigtes Material: Spiel A2, Folie A7a, OHP, gesammelte Zitate, Kreide, Rattenfalle, Pappe, Auflösung A12a/Team oder 3-D-Karten/Vorlage A2a

Attention

Spiel: Ich glaub's oder Ich glaubs's nicht (Spiel A2)
Tipps per Handzeichen geben!

Application

Talk

Glaubst du wirklich, dass der Brachiosaurus noch ein zweites Gehirn in der Schwanzspitze hatte? Warum glaubst du, dass ich euch keinen Müll erzähle? Da keiner von uns dem Saurus bisher begegnet ist, was können wir tun um herauszufinden, ob das stimmt oder nicht? *Und wie ist das bei der Frage: Gibt es einen Gott?* (Folie A7a) - Ich glaub's oder Ich glaub's nicht?!

ICH glaub's! Und zwar, weil es da auch in dieser Frage vertrauenswürdige Quellen gibt.

Input: Drei Argumente, die dafür sprechen

• *Erstens:* ...weil ich mich ähnlich wie beim Brachiosaurus auf die Richtigkeit von Berichten/Forschungen verlasse. Und das Gerücht, die Bibel sei vom Himmel gefallen oder erfunden und deshalb so unglaubwürdig, dies ist bei näherem Hinsehen historisch nicht haltbar: Jesus ist die Person der Antike, über die am gründlichsten berichtet wird; histor. Berichte außerhalb der Bibel (vgl. Vorlage A4/Team); strenge Auswahlkriterien für bibl. Kanon: Augenzeugenberichte wichtig!

• *Zweitens:* ...weil es andere auch glauben, und zwar nicht nur Kinder und alte Omas, sondern Menschen, die ihren Verstand benutzen und zu dem Schluss kommen: „Es muss einen Gott geben!“ (Wissenschaftler, Politiker, Musiker, Sportler,...): Zitate (Newton, Rau, Jorginho - vgl. „erlebt und erfahren“, Sportler-NT)

• *Drittens:* ...weil ich's selber erlebe und weil ich persönlich Menschen kenne, die dasselbe glauben, nämlich dass es Gott gibt und dass man ihn hautnah erfahren kann.

Statements: Konkrete Beispiele
Beispiele, wo es für uns deutlich wird, dass wir an eine Realität glauben. Von eigenen Fragen und Zweifeln erzählen, wo wir (z.T.) Antworten gefunden haben.

Kleingruppen: Sind diese drei Argumente für euch überzeugend? (an die Tafel schreiben)
1. Historische Berichte
2. Weil andere es auch glauben (Denker, Wissenschaftler, . . .)
3. Weil es Menschen gibt, die sagen, dass sie Gott erleben.
Was würde euch überzeugen?

Appeal

Rattenfalle (Auflösung A12a/Team)
„Ihr müsst es selber austesten!“
oder 3-D-Karten mitgeben (Vorlage A2a)
„Es gibt Dimensionen, die man nicht offensichtlich sieht.“

12. Sinn des Lebens

Klassenstufen: 8-10
Besonderheiten: Als Auftakt zu einer mehrstündigen Einheit geeignet, da in dieser Stunde zunächst „nur“ der Denkanstoß wichtig ist: Was wäre, wenn es einen Gott gibt?
Zielgedanke: Gebt euch nicht mit dem bisschen Leben zufrieden, das ihr habt. Wir leben nicht nur für „Arbeiten - Schlafen - Essen“. Vorausgesetzt, es gibt einen Gott...
Benötigtes Material: CD Forrest Gump, CD-Player, Folie A12, A12a, Auflösung A12a/Team, OHP, Folienstift, Kreide, BravoHits-CD 20, Rattenfalle, Pappe

Attention

Forrest Gump: „Life is like a box of chocolates“ (Folie A12)
Kommt euch diese Musik bekannt vor? Zu welchem Film gehört sie? Songtitel: „Life is like a box of chocolates.“ Was bedeutet das? Filmzitat: „Das Leben ist wie eine Pralinenschachtel - man weiß nie, was man bekommt.“
Das ist heute unser Thema: *Leben - was ist das eigentlich?*

Pantomime (mit Musik, z. B. „Torn“)
Zwei bis drei Teamler machen verschiedene Bewegungen zum Rhythmus vor, und zwar immer einige Takte lang, bevor sie zum nächsten Punkt wechseln; jeden Punkt mehrfach wiederholen. In den Klassen 5-8 wird es besonders spannend, wenn sich zwei Schüler zwischen den Teamlern aufstellen und die Bewegungen nachmachen müssen.
- Arbeiten: Erde umgraben, Nagel einschlagen, Fließbandarbeit,...
- Essen: Schaufelbewegungen zum Mund hin oder in imaginären Hamburger beißen
- Sport: Fußball, Golf, Joggen, ...

- Schlafen: Hände flach aneinanderlegen, neben den Kopf, Kopf daranlehnen, Augen zu
- TV: in die Hocke gehen, zwischen verschiedenen Kanälen zappen
- Tennisspiel: Köpfe synchron nach rechts und links drehen
- Komödie: sich kugeln vor lachen
- Krimi: vor Angst an den Nägeln kauen, Hände vors Gesicht, zwischen den Fingern hindurchschauen, schnell umschalten

Die Musik wird nach etwa 3 Min. abrupt ausgeschaltet und die Darsteller fallen „tot" um.

Application

Talk: Was sollten diese Bewegungen darstellen? (Erklären lassen, besonders das Ende). Was gehört für euch zum Leben? (An der Tafel sammeln) Welcher dieser genannten Punkte ist euch am wichtigsten? (Begriffe markieren) Welcher dieser Punkte könnte ein Ziel für unser Leben sein?

Folienspiel „dots" (Folie A12a, Auflösung A12a/Team)
Ein Freiwilliger versucht, neun umrahmte Punkte (3x3) mit vier geraden Strichen zu verbinden, ohne den Stift abzusetzen.

Input: Es gibt eine Menge Dinge im Leben, die uns wichtig sind und die unser Leben ausmachen. Aber könnte es nicht sein, dass es auch Dinge gibt, die über unseren „normalen" Horizont hinausgehen? Vielleicht müssen wir nur *einfach mal den Rahmen sprengen* und auch über Dinge nachdenken, die nicht gleich offensichtlich sind. Was wäre z. B., wenn es tatsächlich einen Gott gibt, den wir zwar nicht sehen, aber erleben können?

Statements
Wo haben wir Gott erlebt? Wo hat Gott unseren bisherigen Horizont erweitert (z. B. durch Gebetserhörung oder durch Gottes Lebensführung)?

Appeal

Rattenfalle (Auflösung A12a/Team)

13. Trennung von Gott - Sünde

Klassenstufen: 8-10
Besonderheiten: Die Schuldproblematik ist am ehesten in globalen Zusammenhängen einleuchtend (Egoismus führt zu Ausbeutung etc.). Betroffenheit durch eigene Schuld ist erst im zweiten Schritt möglich.
Zielgedanke: Verstehen, dass wir durch Schuld von Gott getrennt sind.
Fortsetzung: Kreuz (13.1)
Benötigtes Material: Folie A13, OHP, Dartscheibe und -pfeile, Vorlage A13a und A13a/Team, Kreide, Luftballon

Attention

Folie: Was ist Sünde? (Folie A13)
Sünde ist alles, was Spaß macht - oder? Was assoziiert ihr mit diesem alten Begriff „Sünde" - wo habt ihr das schon gehört?

Dart-Spiel

4-5 Freiwillige dürfen je 3-mal werfen (Den Preis für den Gewinner nicht vergessen!). Dartscheibe am besten an einen Stuhl lehnen und nicht an eine Wand, damit die Zielverfehlungen keine schulwidrigen Spuren hinterlassen.

Application

Input-Teil I (Vorlage A13a und A13a/Team)
Vom Hebräischen und Griechischen her könnte man den Begriff „Sünde" mit *„Verfehlung"* übersetzen: Zielverfehlung (daher die Dartscheibe). *Aber welches Ziel wird verfehlt?* Dazu wollen wir uns mal die biblische Sicht ansehen. Während des Erklärens wird an der Tafel ein Beziehungsdreieck entwickelt, das die biblische Sicht der „Gott-Mensch-Beziehung" verdeutlichen soll.

Talk (Tafelbild)
Welche Dinge fallen euch ein, wenn ihr an Beziehungskrisen zwischenmenschlich oder in Bezug auf unsere Umwelt denkt?
An der Tafel unter der Beziehungslinie Mensch-Umwelt sammeln: Egoismus, Eifersucht, Karrieregeilheit, Gleichgültigkeit, Umweltausbeutung, Streit (...)

Input-Teil II (Vorlage A13a und A13a/Team)
Hätte Gott das nicht verhindern können, wenn er sich das doch eigentlich alles so viel besser ausgedacht hatte?

Talk in Kleingruppen
Über das Beziehungsdreieck sprechen. Was ist daran einleuchtend, was nicht? Wie könnte das Ganze wieder in Ordnung gebracht werden?
In dieser Diskussion soll deutlich gemacht werden, dass zwar kleine Schritte gut und notwendig sind, um Beziehungen wieder zu heilen (sich entschuldigen, Bußgeld zahlen, Bestrafungen etc.), dass es aber nicht möglich ist, das Schuldproblem als Ganzes zu lösen. Wir werden Egoismus und Eigennutz nie vollständig beseitigen können, es wird immer Menschen geben, die darunter leiden müssen (z. B. sog. Dritte-Welt-Länder), und es gibt Dinge, die nicht mehr rückgängig zu machen sind (Umweltzerstörung etc.).

Statements (innerhalb der Kleingruppen)**:** Wo und wie erleben wir, dass uns Schuld belastet und dass Gott sebst eingreifen muss?

Appeal

Ein Freiwilliger soll nach vorn kommen und z. B. einen Luftballon zerplatzen lassen. Danach bekommt er den Auftrag, den Ballon wieder zu „reparieren".

Input: Was kaputt ist, ist kaputt! Ich kann nicht einfach so tun, als wäre das nicht geschehen, ob mir das gefällt oder nicht.

13.1 Trennung von Gott - Kreuz

Klassenstufen: 8-10
Besonderheiten: Die Übertragung des Weihnachtsanspiels ist nicht ganz einfach, daher unbedingt erst Verständnisfragen klären und danach übertragen.
Zielgedanke: Der heruntergekommene Gott - Sein Lösungsangebot für das Schuld-Dilemma des Menschen.
Fortsetzung: als Fortsetzung von Sünde (13)
Benötigtes Material: drei Seile, Vorlage A13.1/Team, Folie A13a, OHP, Vorlage A13.1, Tisch als Büro, zwei Stühle, Folienstift, 5 DM oder 10 DM

Attention

Seiltrick: Bei Gott sind alle Sünden gleich! (Vorlage A13.1/Team)
Letzte Stunde haben wir über „Sünde" gesprochen. Wenn wir solche „Sünden" mal der Größe nach ordnen wollten, was denkt ihr, wären z. B. große - mittlere - kleine Sünden?
Während des Gesprächs Seiltrick anwenden. Als Erinnerung Beziehungsdreieck auf Folie auflegen (A13a)
Sünde steht zwischen Gott und uns.
„Können wir das aus dem Weg räumen?"
Ihr seht jetzt eine ganz alltägliche Situation, die einen Lösungsweg verdeutlichen soll.

Lösungsvorschlag: Anspiel zum Thema Weihnachten (Vorlage A13.1)

Kleingruppen-Talk: Welches Problem hatte diese Firma? (Leck, aus dem Giftmül versickert) Warum konnte das nicht so einfach gelöst werden? (Lebensgefahr, geht nicht so einfach) Was hat das mit unserer Schuldproblematik zu tun?
Einzelne Elemente des Anspiels zuordnen:
Leck: Schuldproblem / Arbeiter: wir Menschen, die das Problem nicht wahrhaben, sich nicht schmutzig machen

wollen, ihr Leben nicht riskieren, vielleicht auch gar nichts ändern können? / Chef: Gott selbst.
Das war eben ein Weihnachtskrippenspiel. Warum? Gott wird Mensch, um das Hauptproblem der Menschen, das sie selbst nicht lösen können, höchstpersönlich zu beseitigen.

Kreuz (Folie A13a)
Auf der Folie einen Längsstrich von Gott zu uns (Mitte zwischen Mensch und Umwelt) ziehen, so dass mit dem Trennungsstrich zwischen Gott und uns ein Kreuz entsteht.
Gott selbst kommt mittenrein in dieses Dilemma, um den Weg wieder frei zu machen - auch wenn ihn das das Leben kostet. Genau das symbolisiert das Kreuz.

Statements
Konkretes Beispiel, wo wir Befreiung von Schuld erlebt haben, oder eine Beispielgeschichte zur Stellvertretung, die uns persönlich deutlich macht, was es heißt, dass Jesus für uns gestorben ist. (z. B. Axel Kühner „Überlebensgeschichten für jeden Tag" - Pater M. Kolbe, 24. März)

Appeal

Geschenkt! (Vorlage A13.1/Team)
Gottes Lösungsvorschlag: Jesus stirbt für uns, um die Trennung zwischen Gott und uns zu überbrücken. Das ist ein Gechenk. Geschenke muss man annehmen, mehr nicht. Aber gerade darauf kommt es an.

14. Weihnachten

Klassenstufen: 7-8
Besonderheiten: Schulstunde als Auftakt zur Planung eines gemeinsamen Weihnachts-Schulgottesdienstes. Die Ideen zur „Jesus-Birthday-Party“ entstanden in einer 10. Realschulklasse.
Zielgedanke: Unsere Weihnachtstraditionen sind hohl und sinnlos, wenn wir nicht an das glauben, was Weihnachten wirklich passiert ist: Gott wird Mensch!
Fortsetzung: Trennung von Gott (13, 13.1), Auferstehung (2)
Benötigtes Material: Weihnachtsmannkostüm, Bountys, CD-Player, Weihnachts-CD, Kreide, vollgemachte Windel, A3-Plakate, Eddings, Sternaufkleber (phosphorisierend)

Attention

Weihnachtsmann betritt den Klassenraum, übertrieben alberner Auftritt, verteilt Bountys mit der typischen Frage: Ward ihr auch schön brav? (kitschige Musik im Hintergrund)

Überleitung: Völlig albern! Weihnachtsmann ist doch nur was für kleine Kinder, an den glaubt doch keiner mehr. Aber was bedeutet Weihnachten eigentlich dann noch für uns?

Application

Brainstorming: Was verbindet ihr mit Weihnachten?

An der Tafel auflisten: Weihnachtsmarkt, Tannenbaum, Geschenke, Kerzen, Schmuck, Schnee, Krippe, Familie, Stress, Heuchelei, Plätzchen, Süßigkeiten, Festessen, Jesu Geburt, Stall, Tiere, Lieder, Engel, Sterne, Kirche.

Gottes Idee von Weihnachten: Lukas 2 gemeinsam lesen

Was beschreibt die damalige Situation? Gegenüberstellung zum Brainstorming: dreckiger, kalter Stall, Mief, unromantische

Atmosphäre, Schmerzen, Armut (...). Zur Demonstration eine vollgemachte Windel mitbringen :-)

Input

Was ist so Besonderes an diesem Baby, so dass wir bis heute (2000 Jahre später!) alle Jahre wieder seinen Geburtstag feiern? Weil die Menschen sich von Gott abgewandt haben und Gott den Weg zurück zu ihm wieder möglich machen will, ergreift er Initiative und geht den ersten Schritt auf uns zu. Warum geht Gott diesen Weg und kommt nicht als der „King of Kings“? Er sucht Nähe zu den Menschen, will uns verstehen; er verkehrt nicht nur in bestimmten Kreisen; er hat einen Plan, wie er die Trennung zwischen Mensch und Gott aufheben will. *Anmerkung:* Jesus war nicht (nur) das kleine, süße Baby in der Krippe; unsere heutigen Vorstellungen liegen da etwas schief, sind traditionell eingefahren.

Kleingruppen: Weihnachtsfest als „Jesus-Birthday-Party“

Wie müsste ein Gottesdienst aussehen, der dem eigentlichen Weihnachten gerecht wird? Wie würdet ihr einen Gottesdienst gestalten, der euch und euren Freunden Spaß machen sollte? Was gehört dazu? Warum? Beispiele: sich allein zurückziehen können; sich in Ruhe mit der Bibel beschäftigen; keine „blöden“ Weihnachtslieder singen, sondern fröhliche (Gospels/Modernes); Weihnachtsstimmung mit älteren Liedern; keine depressive Stimmung, sondern Party feiern; Krippenspiel im heutigen Deutsch, realitätsnahe Stallstimmung (Kälte, Mief, Tiere, Babygeplärr); Warum wird Jesus geboren? Warum ist er gestorben?

Appeal

Klebestern mitgeben (am besten aus phosphorisierendem Material): Als Denkanstoß während der Weihnachtszeit: Warum mache ich bei all dem Weihnachtsgetue mit? Was bedeutet Weihnachten für mich?

IV. Anhang

Vorlagen, Arbeitsblätter, Folien

Übersicht

ARBEITSBLATT A1

Die Geschichte von ______________________

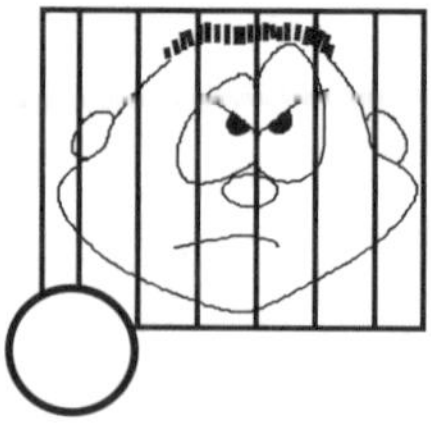

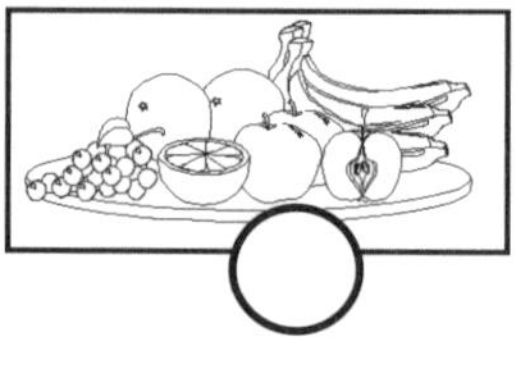

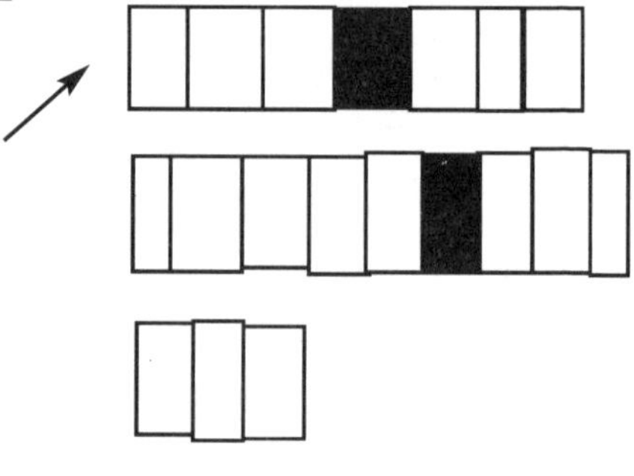

Hab' keine Angst!

Die Geschichte von Daniel

Anmerkung: Zunächst sollte der Name Daniel nicht genannt werden, da die Geschichte z. T. bekannt sein könnte und die Spannung noch ein bisschen hinausgezögert werden soll. Während des Erzählens die entsprechenden Stichworte besonders betonen, damit die Schüler sehen, welches Bild gemeint ist. Evtl. sind Hilfestellungen nötig, z. B. um welche Bildnummer es als nächstes geht. Hinweis vor Beginn: Es geht um vier israelische Freunde (Alter etwa 16 Jahre) und um einige Babylonier, deren Namen wir nicht kennen (daher die symbolischen Gesichter).

1. Gefangen: Die Geschichte spielt zu einer Zeit, in der die Babylonier Krieg führten und viele Kriegsgefangene mit in ihr Land brachten. Unter ihnen waren auch vier junge Männer aus Israel. Sie sollten am Hofe des Königs eine gute Ausbildung erhalten, um ihm später dienen zu können.
2. Sandwich: So bekamen sie im Palast des Königs das beste und leckerste Essen, das sie sich denken konnten.
3. Obst: Aber die vier Freunde waren Juden, deshalb wollten sie nicht vom normalen königlichen Essen leben und fragten den zuständigen Aufseher, ob er sie nicht mit Obst versorgen könnte. Sie wollten nämlich ihrem Gott treu bleiben, der ihnen verboten hatte, Schweinefleisch zu essen.
4. Jubel: Der Aufseher erlaubte es ihnen und tatsächlich waren die vier Freunde nach einigen Wochen viel gesünder und kräftiger als die anderen Gefangenen. Auch der König bemerkte das und gab ihnen wichtige und hohe Stellungen in seinem Königreich. Da hatten die Freunde allerdings Grund zum Jubeln.
5. Böses Gesicht: Einige der einheimischen Babylonier wurden darüber sehr wütend. Sie beneideten diese jungen Israeliten um ihren Erfolg und beschlossen, ihnen eine Falle zu stellen.
6. Listiges Gesicht: Schon bald hatten sie einen listigen und gemeinen Plan ausgeheckt. Sie gingen zum König und schlugen

ihm ein neues Gesetz vor: Allen Bewohnern seines Reiches, auch den Fremden und Kriegsgefangenen sollte es auf Todesstrafe verboten werden, zu irgendeinem fremden Gott zu beten.

7. Siegel: Und weil der König die Idee mochte, als einziger Gott für sein Volk verehrt zu werden, zögerte er nicht lange und setzte sein königliches Siegel unter dieses Gesetz.

8. Spion: Nun brauchten die Babylonier nur noch Spitzel auszusenden, die den Israeliten nachspionieren sollten. Denn sie wussten genau, dass die Juden jeden Tag mehrmals zu ihrem Gott beteten. Und tatsächlich erwischten sie einen auf frischer Tat.

9. Lachendes Gesicht: Da hatten sie gut lachen, die Babylonier. Auch wenn der König einen seiner besten Diener nicht töten lassen wollte - er hatte ja eigenhändig dieses neue Gesetz besiegelt.

10. Löwen: So wurde der junge Israelit kurzerhand den Löwen vorgeworfen, eine damals übliche Art, zum Tode verurteilte Gefangene aus dem Weg zu räumen...

Na, weiß schon jemand, wie der junge Mann heißt?

Doch der König konnte die ganze Nacht nicht schlafen, weil er bereute, was er da getan hatte - und so lief er am nächsten Morgen ganz früh zur Grube hinüber, um nach dem Gefangenen zu sehen. Und tatsächlich: Gott hatte den Löwen das Maul verschlossen, so dass dem Gefangenen nichts passiert war. Schnell ließ der König ihn aus der Grube holen. „Kein Mensch kann so etwas normalerweise überleben“, sagte er. „Du glaubst wirklich an einen lebendigen Gott! Er muss dich beschützt haben!“

11. Knurrender Löwe: Zurück blieben die ärgerlichen Löwen, weil sie nichts in ihren knurrenden Magen bekommen hatten.

Merksatz auf der Tafel:

ICH BIN IMMER BEI DIR!

Arbeitsblatt A1.1

Was würdest du als beste Freundin/bester Freund dazu sagen?

Was würdest du in dieser Situation denken?

FOLIE A1.1A

Jugend 2000
13. Shell-Jugendstudie

Die Zukunft:
Wie das Leben in unserer Gesellschaft weitergehen wird
(S. 25)

	befragte Jugendliche
eher düster	36%
eher zuversichtlich	64%

Die Zukunft:
Wie das eigene Leben weitergehen wird (S. 23)

	befragte Jugendliche
eher düster	9%
eher zuversichtlich	49%
gemischt	42%

Mein Glaube hat mir geholfen

Wieder eine Absage. So lange habe ich schon nach einem Ausbildungsplatz gesucht. Ich sah meine Zukunft direkt vor mir, aber sie erschien mir alles andere als sicher. Das ware eine lange und von Angst erfüllte Zeit. Aber gerade da hat mir mein Glaube geholfen.

Denn ich weiß, dass Gott immer bei mir ist und ich ihm meine Sorgen erzählen kann, indem ich bete. Klar muss ich die Zeit trotzdem selbst durchstehen, aber ich bin nicht allein. Gott zeigt mir seinen und damit auch meinen Weg und teilt mit mir die Angst.

Gott gibt mir durch meinen Glauben an ihn neue Kraft und mildert meine Angst, so dass es mir viel leichter fällt, auch solche Zeiten gut zu meistern.

Danke, Gott!

Ich glaub's - oder ich glaub's nicht...

(Aus Zeitgründen sollte man eine Auswahl aus den unten stehenden Fragen treffen.)

Mögliche Fragen:

1. Giraffen und Mäuse haben die gleiche Anzahl von Halswirbeln.
   ▶ *Ich glaub's! Beide haben 7 Wirbel*
2. Der römische Herrscher Tullus Hostilius hatte einen Papagei, der an Alkoholismus starb.
   ▶ *Ich glaub's nicht!*
3. Einige New Yorker Bars bieten ihren Kunden Molotowcocktails an. Hauptbestandteile sind Alkohol und Benzin.
   ▶ *Ich glaub's!*
4. Der Brachiosaurus war solch ein riesiger Dinosaurier, dass er ein kleines Extragehirn im Hinterteil hatte, um das Hinterteil seines Körpers zu bewegen.
   ▶ *Ich glaub's! Der Brachiosaurus ist der größte aller Saurier und kommt auf etwa 75 t Gewicht.*
5. Im Altertum wurden die Dornen von Kakteen als Zahnstocher benutzt.
   ▶ *Ich glaub's nicht!*
6. Eisbären sind bis auf wenige Ausnahmen Linkshänder.
   ▶ *Ich glaub's!*
7. Verliert ein Shuttle-Astronaut während eines Weltraumspaziergangs den Halt, treibt er ewig ins Universum hinaus.
   ▶ *Ich glaub's nicht! Er bleibt auf gleicher Geschwindigkeit wie das Shuttle.*
8. Julius Cäsar verlängerte das Jahr 46 v. Chr. auf insgesamt 445 Tage, weil er es leid war, seinen Geburtstag im Winter zu feiern.
   ▶ *Ich glaub's nicht! Grund war, dass Cäsar den julianischen Kalender einführte, weil die Jahreszeiten nicht mehr passten.*

9. Ein Tierhändler in Dänemark wurde bestraft, weil er ein Känguruh auf der Straße spazieren führte.

▶ *Ich glaub's! Ein dän. Gericht urteilte, dass es unangemessen sei, ein Känguruh an der Leine zu führen. Es stellte ferner fest, ein Känguruh sei nicht an den Straßenverkehr gewöhnt.*

10. Hamster schlafen mit offenen Augen.

▶ *Ich glaub's nicht!*

11. Martin Luther war kurze Zeit praktizierender Buddhist, bevor er Protestant wurde.

▶ *Ich glaub's nicht!*

12. Als der erste Zylinder in London getragen wurde, erregte er einen solchen Aufruhr, dass mehrere Frauen in Ohnmacht fielen und sich ein Mann im Gedränge die Arme brach.

▶ *Ich glaub's! (1797)*

13. Auf jedem Brötchen für einen Big Mac bei McDonalds sind durchschnittlich 500 Sesamkörner.

▶ *Ich glaub's nicht! Es sind durchschnittl. 178 Körner.*

14. Während des Mittelalters war es üblich und anerkannt, dass ein Herr eine Dame bei einem Essen umwarb, indem er sie mit einer Gabel leicht in den Oberschenkel pikte.

▶ *Ich glaub's nicht! Im Mittelalter aß man mit den Fingern - Gabeln gab es nicht.*

15. Ein kanadisches Ehepaar entging um Haaresbreite dem Tod, als mitten in der Nacht ein Block gefrorener Urin durch die Decke ihres Schlafzimmers schlug.

▶ *Ich glaub's! Ein vorüberfliegendes Flugzeug verlor seinen Toilettenbehälter.*

3-D-Karten

(aus: aha!, Schülerrundbrief der SMD, Thomas Drumm)

Auferstehung

Argumente gegen die Auferstehung:	**Antworten auf die Einwände:**
1. Unvorstellbar! So etwas habe ich noch nie erlebt!	▶ Es gibt nicht nur Dinge, die wir uns vorstellen können. Vor 1989 war es auch unvorstellbar, dass die Mauer unblutig fallen würde.
2. Naturwissenschaft contra Auferstehung	▶ Für die Frage nach historischen Wahrscheinlichkeiten sind naturwissenschaftliche Methoden nicht angemessen. Historiker arbeiten wie Juristen, sie sammeln Indizien und fällen dann Wahrscheinlichkeitsurteile. ▶ Es gibt keine „eisernen" Naturgesetze, dieser Begriff gehört der Naturphilosophie an und ist dem Denken eines mechanistischen Weltbildes aus dem 19. Jh. verhaftet, das längst überholt ist. Naturkonstanten werden heute als statistische Anhäufungen formuliert, die also nicht 100 Prozent gelten, sondern eine bestimmte Wahrscheinlichkeit besitzen.
3. Alles Mythos!	▶ Es fehlen typische Mythencharakteristika: In griechischer Mythologie wird Auferstehung nicht auf reale Personen bezogen, sondern auf mythologische Wesen. Im Christentum ist die Auferstehung jedoch an

„Fleisch und Blut“ gebunden (1. Joh 1,1-3).

▶ Die Verfasser des NT schrieben entweder als Augenzeugen oder gaben die Berichte aus erster Hand weiter.

4. Die Evangelien liefern keine historischen Berichte, sondern wollen den Glauben wecken.

▶ Glaube hat nichts mit „sich nicht sicher sein“ zu tun. Lukas z. B. will beides: Glauben wecken und historisch genau arbeiten (Lk 1, 1-4).

▶ Gerade die historischen Ereignisse sind Anlass und Fundament zum Glauben.

5. Betrug! Die Jünger haben sich die ganze Geschichte ausgedacht, weil sie nicht als Looser dastehen wollten.

▶ Würden die Evangelisten dann so unheldenhaft über die anfänglichen Zweifel der Jünger an der Auferstehung berichten?

▶ Die Jünger glaubten selbst erstmal an „Geister“ (Lk 24,37 ff.), Leichenklau (Joh 20,1-2) oder den Gärtner (Joh 20,15).

▶ Viele Nachfolger Jesu haben sich durch die Behauptung, dass Jesus lebt, großen Unannehmlichkeiten ausgesetzt, bis hin zum Märtyrium.

▶ Als Zeugen werden u. a. wenig oder gar nicht bekannte Personen genannt, z. B. auch Frauen, die offiziell nicht als Zeuginnen anerkannt waren. Schlechte Zeugen erfindet man nicht.

▶ Es gibt auch einige Zeugen, die vorher Jesu Gegner waren, allen voran Paulus, der sogar selbst Christen wegen dieser Irrlehre festnahm, und

Jakobus (Jesu Bruder), der ihn vor seinem Tod für verrückt hielt (er wurde später ein bedeutender Gemeindeleiter).

6. Jesus war nur scheintod.

▶ Der Tod Jesu ist einer der best bezeugten Berichte der Antike. Auch die jüdische Kultusbehörde, die jedes Interesse an einem wirklichen Vollzug der Hinrichtung haben musste, hat sich bezeichnenderweise diesen Einwand nicht zu eigen gemacht.

7. Das Grab war gar nicht leer.

▶ Die Auferstehungsbotschaft hätte sich keinen Tag gehalten, wenn sie so einfach zu widerlegen gewesen wäre (damals wusste man ja noch mit Sicherheit, um welches Grab es sich handelte).

▶ Auch die Gegner Jesu bestreiten nicht, dass das Grab leer war (Mt 28,11-15).

8. Die Osterberichte widersprechen sich untereinander.

▶ Ein Fachhistoriker sieht gerade in Unterschieden, die Details betreffen, ein Indiz für die Zuverlässigkeit statt für eine Zensur.

9. Es gibt keine Beweise!

▶ Historische Wissenschaft kann nie 100 Prozent beweisen, dass etwas stattgefunden hat, sondern nur Wahrscheinlichkeitsaussagen machen. Die Auferstehung ist historisch eines der wahrscheinlichsten Ereignisse der Antike.

VORLAGE A3

Lebenslinie

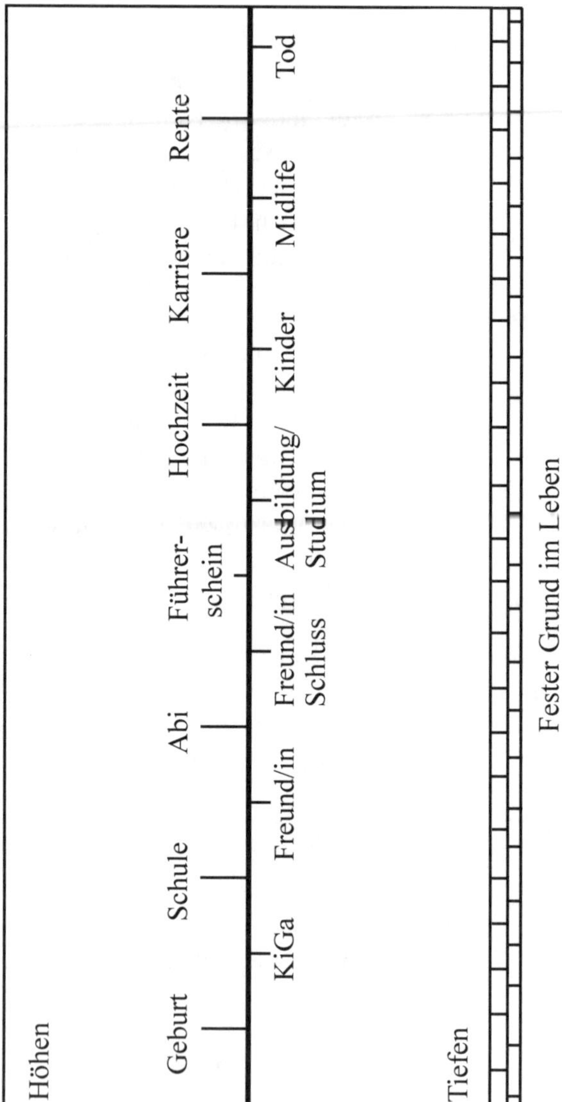

FOLIE A4

?

Ferien-Flirt:
Wo findest du die heißesten Boys?

Ich bin total verliebt.
Wie spreche ich sie an?

Ist es LIEBE
- oder nur ein TRICK?

Die beste Freundin
- wie gut passt
ihr zusammen?

„Jesus ist nicht Religion..."

Whitney Houston

Jesus ist nicht Religion,
Jesus ist wahres Leben!
Ich könnte ohne Gottes Liebe nicht existieren. Ich bin im christlichen Glauben erzogen worden, d. h. von klein auf stand Jesus im Zentrum meines Lebens. Wenn der Glaube etwas Oberflächliches wäre, wäre ich nicht fähig, so zu fühlen und so zu singen über Liebe und Leben an sich. Meine Musik und alles, was ich anfasse und tue, geschieht aus meinem Glauben heraus, unter Gottes Einfluss.

aus: „erlebt und erzählt", Campus für Christen, Gießen

„Bei Gott Kraft tanken.“

Udo Bölts, Radprofi

Jesus ist für allen Mist, den wir gebaut haben, gestorben. Der Glaube an ihn gibt mir Kraft und hilft mir. Dass ich heute noch mit soviel Moral Radrennen fahre, verdanke ich ihm.
Die Bibel ist zwar nicht leicht zu verstehen, aber man kann sehr, sehr viel aus ihr lernen, wenn man will. Ihre Aussagen können sich in allen Lebenslagen als hilfreich erweisen.
Gott gibt uns damit den Weg vor.

aus: „Mit vollem Einsatz“, SRS, Altenkrichen

Facts zum Weltbestseller

- 66 verschiedene Bücher, daher der Name *„biblia"* (griechisch für Bücher
- 40 verschiedene Autoren
- geschrieben in einem Zeitraum von 1600 Jahren
- trotzdem *ein* zentrales Thema: JESUS CHRISTUS
- im AT über 300 prophetische Voraussagen und Ankündigungen: im NT deren Erfüllung und Zukunftsausblick; 3./4. Jh. n. Chr. Zusammenstellung und Auswahl der Bücher
- Ehrlichkeit, keine Heldenbeschönigung - Bsp. König Davids Mord an Uria (2. Sam 10)
- mehrdimensionales Weltbild (materielle und nichtmaterielle Wirklichkeiten), im Gegensatz zu damaligen Weltbildern der Kulturen (Erde = flache Scheibe o.ä.)
- alte Funde von Papyrus-Schriften, z. B. Entdeckung der Qumranhöhlen am Toten Meer: älteste bekannte vollständige Rolle eines AT-Buches aus 2. Jh. v. Chr. (Jesaja)

Pringles-Test

Ein Freiwilliger bekommt mit verbundenen Augen mindestens drei Pringles-Sorten vorgesetzt, die er am Geschmack erkennen soll. Der Trick dabei: Die Packungen sind vertauscht, so dass die Mitschüler bei jedem Raten denken müssen, er würde daneben tippen. Erst am Schluss wird das Rätsel gelöst (richtige Sorten mit Etiketten unter den Boden der Packungen kleben - einerseits als Beweis, andererseits als Gedächtnisstütze).

Input: Um wirklich mitreden zu können, muss man es selbst probieren! Es reicht nicht, sich auf das zu verlassen, was andere sagen (das gilt besonders für den Freiwilligen, falls vorge-

sagt wurde). Manchmal trügt der äußere Schein.
Das gilt auch für die Bibel: Von außen vielleicht verstaubt. So manch einer meint, der Inhalt wäre nicht wichtig, sogar langweilig. Aber was in diesem Buch wirklich alles steht, das merkst du erst, wenn du selbst einmal nachliest.
Kann sein, dass du ordentlich Kontra kriegst, weil die anderen meinen, sie wüssten besser, was Sache ist. Viele haben noch nie in die Bibel reingeschaut, aber behaupten trotzdem zu wissen, dass sich das nicht lohnt.
Wir wollen euch Mut machen: Egal, was andere denken, egal, was ihr vielleicht selbst von der Bibel gehört habt:

Probiert es selbst aus!

Arbeitsblatt A6

Tatort Bethlehem - Lukas 2, 1-7

staatliche Anordnung zur Tatzeit: ______________________

____

Regierung: ______________________________________

Tatort: ____

beteiligte Personen vor Ort: _____________________

____

-------------------------------------✂--------------

Tatort Golgatha - Lukas 23

Tatort (Vers 33): ______________________________

Tatzeit (Vers 17): _____________________________

Hinrichtungsart (Vers 33): _______________________

Zeitpunkt Todeseintritt (Vers 44-46): ______________

Wer sprach das Urteil (Vers 23-24)? _______________

Wie lautete die Anklage (Vers 2)? ________________

____

Lösungssatz:

Wie glücklich können die sein,
die nicht sehen und trotzdem glauben.

Geheimschrift

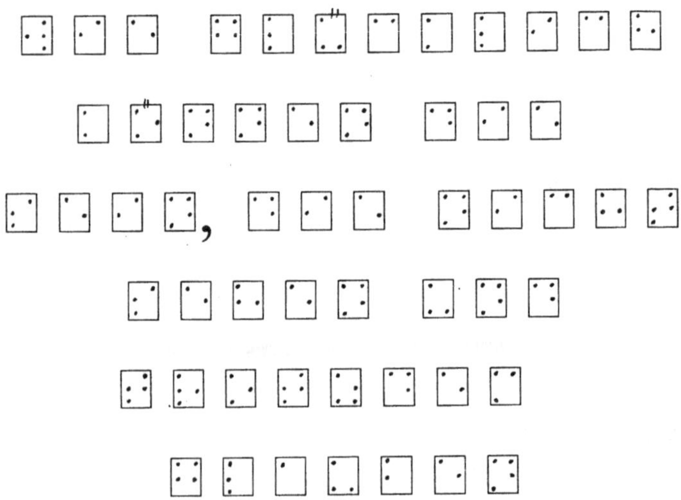

Alphabet

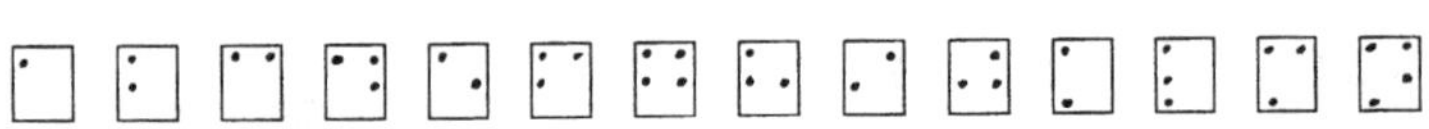

A B C D E F G H I J K L M N

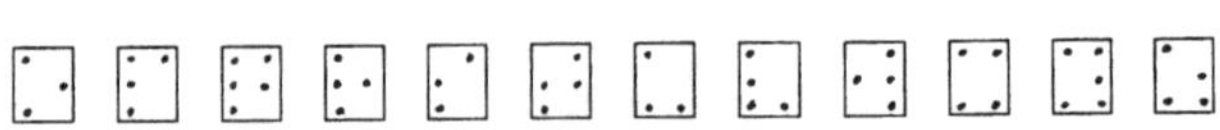

O P Q R S T U V W X Y Z

Kuschelrock 11

Liederauswahl zur Ergänzung (=die Auflösung!):

1. Dune „Who wants to live ***forever***“
2. R.E.M. „Loosing my ***religion***“
3. Gloria Estefan „***Reach***“
4. Robbie Williams „Loving ***Angels***“
5. Skorpions „***White*** Dove“
6. R. Kelly „I ***believe*** I can fly“

Ergänzt die Titel!

1. Dune „Who wants to live ____________“

2. R.E.M. „Loosing my ______________“

3. Gloria Estefan „____________“

4. Robbie Williams „Loving ______________“

5. Skorpions „____________ Dove“

6. R. Kelly „I ____________ I can fly“

FOLIE A7A

GIBT ES EINEN GOTT ?

Arbeitsblatt A7b

Steckbrief Jesus nach Lukas 2,1-7

Das verlorene Schaf

Es war einmal... ein kleines, freches Schaf. Dieses Schaf lebte mit 99 anderen kleinen, frechen Schafen in einer endlosen, saftig grünen Hügellandschaft. Oft wanderten sie alle zusammen tagelang durch wunderschöne Täler. Überall standen große und kleine rote, gelbe, blaue und leuchtend weiße Blumen am Wegrand - eine köstlicher Anzusehen als die andere.
Wenn sie so gemütlich zwischen den hohen Grashalmen hindurchstapften, konnte unser kleines, freches Schaf hier und da immer mal wieder eine dieser köstlichen Blumenkelche beschnuppern. Dann schloss es genießerisch die Augen, holte noch einmal tief Luft und pflückte dann vorsichtig diese köstliche Blume, um sie genussvoll zu verspeisen. Manchmal, wenn die Tage allzu heiß waren, kamen sie auch an einen kleinen, schäumenden Bach, der sich lustig durch das Tal schlängelte. Tat das gut, nach einer so langen Wanderung mal einen Schluck Quellwasser trinken zu können.
Und wenn es vielleicht auch nur ein kleiner Schluck war - weil sich die anderen Schafe gleich dazwischendrängten. Sie konnten es einfach nicht abwarten, auch endlich ihre Schnauzen in das köstliche, kalte Wasser zu stecken. Da entstanden manchmal lustige Balgereien, die erst dann ein Ende fanden, wenn eines der kleinen kämpfenden Schafe letztendlich ins Wasser plumpste. Kurz und gut, sie hatten eine Menge Spaß zusammen und eigentlich hätte sich unser kleines Schaf in seiner Herde so richtig wohl fühlen können.
Der Hirte sorgte sich liebevoll um jedes einzelne. Jeden Abend, bevor sie sich in ihrem Stall aneinanderkuschelten, zählte der Hirte sorgfältig nach, ob auch alle kleinen Schafe da waren. Dann schloß er beruhigt die Stalltür und setzte sich davor, um aufzupassen, dass kein gefährliches Raubtier eindringen konnte. So

manche Nacht schlich nämlich ein hungriger Löwe oder Wolf ums Haus, der gern ein köstliches Schaf zum Abendbrot verspeist hätte.
Eines Tages kamen sie jedoch auf einem ihrer Streifzüge an einem hohen Bretterzaun vorbei, hinter dem sich ein verlockend bunter Garten befand. Das kleine Schaf hielt entzückt inne und staunte: So viele köstliche bunte Blumen! Die schmeckten bestimmt noch tausendmal besser als die Blumen auf dieser Seite des Zaunes. Kurzentschlossen warf das Schaf einen Blick über die Schulter und zwängte sich flink durch einen kleinen Bretterspalt - und schon war es mitten zwischen kniehohen köstlichen Leckerbissen. Aber was war das? Weiter hinten standen ja noch viel mehr und viel größere Blumen...
Die musste es erstmal kosten. Und da, auf der anderen Seite des Gartens, da gab es einen Weg hinauf in die Berge - was musste es da erst für exotische Pflanzen geben! Sicher nicht nur so gewöhnliche kleine Dinger wie unten im Tal, wo sie jeden Tag vorbeikamen. Überhaupt schien das Leben auf der anderen Seite des Zaunes viel aufregender und spannender.
„Wie gemein!“, dachte das Schaf, „dass der Hirte das nie erzählt hat. Hier ist es doch viel besser! Und wenn ich erstmal noch einen Bach finde, schmeckt das Wasser hier bestimmt auch tausendmal köstlicher als das, was wir bisher immer getrunken haben.“ Also machte es sich auf den Weg, sein neues Zuhause genauer zu erkunden.
Immer weiter spazierte es sorglos umher, bis es langsam anfing

dunkel zu werden. Wie unheimlich diese Schatten überall waren! Und wie ungemütlich kalt es nun wurde! Wie schön war es doch mit den anderen Schafen im Stall gewesen!

Inzwischen war es auch für den guten Hirten Zeit, seine Herde nach Hause zu treiben. Wie jeden Abend zählte er sorgfältig ab, ob auch ja keines verloren gegangen war. Was für einen Schrecken bekam er, als er merkte, dass es an diesem Abend nicht 100, sondern nur 99 Schafe waren! ... Sofort machte er sich auf den Weg, sein kleines fehlendes Schaf zu suchen.

Und das war gar keine köstliche Angelegenheit! Oft musste er sich durch dichtes Gestrüpp und Dornen hindurchzwängen, um im Dunkeln auch sicher nichts zu übersehen. Manchmal hörte er in der Ferne einen Wolf heulen und dann beeilte er sich noch viel mehr, den kleinen Ausreißer zu finden. Endlich trug der Wind ihm ein kleines klägliches „Määäh" ans Ohr. Da saß unser Schaf zitternd vor Kälte in einer Felsspalte.

Behutsam hob es der gute Hirte hoch, wickelte es in seinen Mantel und legte es auf seine Schulter, um es vorsichtig nach Hause zu tragen. Dort sollte es erstmal eine Menge köstlicher Leckerbissen zugesteckt bekommen, die das kleine, eigensinnige Schaf sicher bald wieder auf die Beine bringen würden.

Arbeitsblatt A7.1a

FOLIE A9

„Der perfekte Freund"

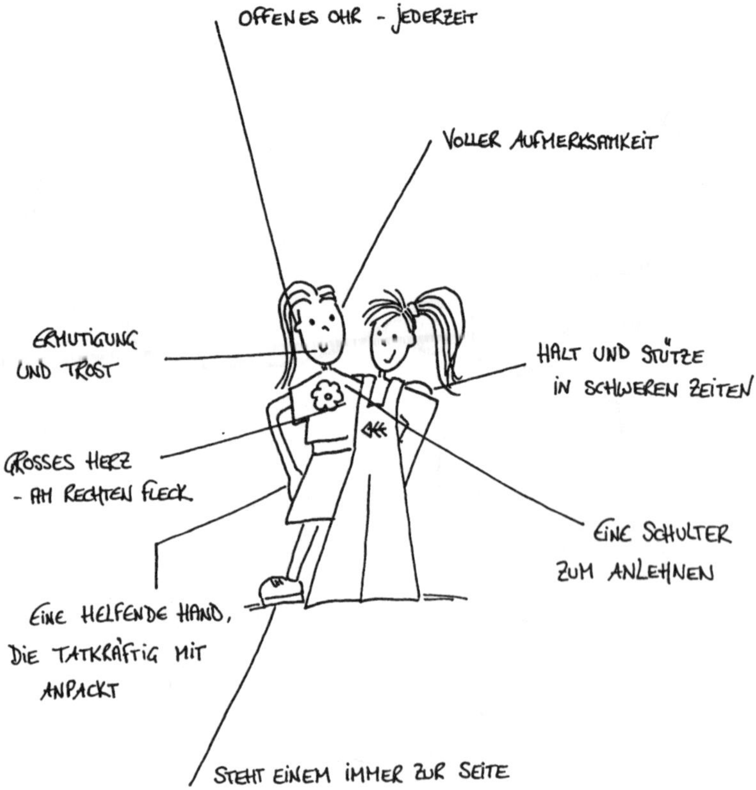

Der perfekte Freund

Merkmale vorlesen und ergänzen, z. B.:
„Schulter zum Anlehen“: wenn’s mir mal echt dreckig geht
„Voller Aufmerksamkeit“: den interessiert, was mit mir los ist, der denkt nicht nur an sich
„Offen für jedes Wort“: da kann ich laut denken, ohne dass der andere gleich einschnappt

CD Hausmarke „Mädchen No. 1“

Während das Lied spielt, werden auf einem DIN-A3-Papier (an der Tafel aufhängen) mit Kugelschreiber verschiedene Mädchen skizziert (einfache Strichmännchen, kräftig durchzeichnen).
Jedesmal, wenn eine Beziehung vorbei ist, wird das Blatt abgerissen, ein neues, weißes Papier kommt zum Vorschein, auf dem das nächste Mädchen gezeichnet wird.
Insgesamt werden drei Blätter abgerissen:
Stichwort Strophe 1 „... so wurde Mädchen No. 1 die Letzte“
Strophe 2 „... keins oder die“
Strophe 3 „... dann eben mit der Nächsten“
Das vierte Blatt bleibt leer und wird zusammen mit dem Kohlepapier erst beim Input abgerissen.
Durch dieses Kohlepapier zwischen dem vierten und fünften Blatt wurde jedes der Strichmännchen durchgezeichnet. Ergebnis ist, dass die Figur auf Blatt 5 mit Strichen und Spuren sämtlicher Beziehungen „gezeichnet“ ist.

LIFE IS LIKE A BOX OF CHOCOTLATES

Das dots-Spiel

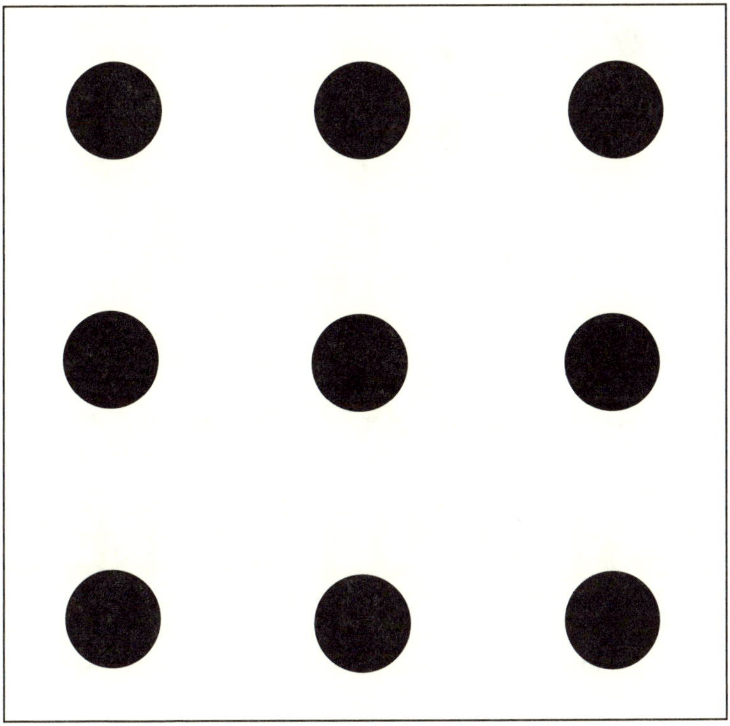

dots

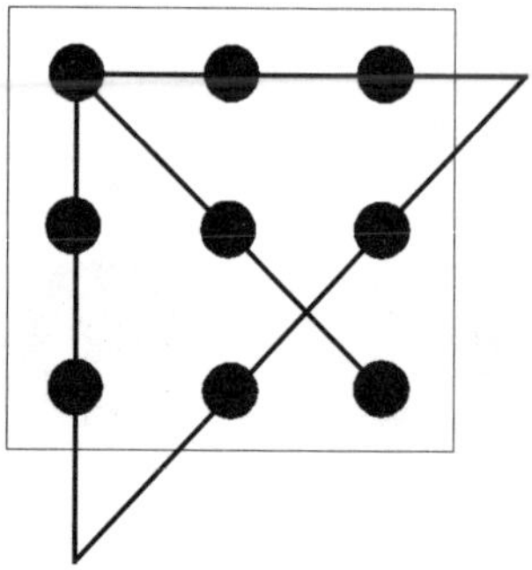

Rattenfalle

Ein Freiwilliger soll mit einem Stück Pappe eine Rattenfalle testen, die ein Teamler in der Hand hält. Sobald die Falle zuschnappt, wird sie fallen gelassen, damit beim Aufheben unauffällig die Feder gelöst werden kann. *Unbedingt vorher Zuhause mehrmals üben!!!*

Dann wird eine weitere Testperson gesucht, die sich traut, die Falle mit der Hand auszulösen. Beim Vorbereiten der Falle muss darauf geachtet werden, dass nicht auffällt, dass keine Spannung auf der Feder ist. Dazu mit dem Zeige- oder Mittelfinger der linken Hand den Auslöser von unten hoch drücken und halten; mit rechts langsam den Hebel bewegen, als ließe er sich nur schwer in Stellung bringen - ein bisschen Show kann nicht schaden...

Input: XY (zweite Testperson) hätte lange darüber diskutieren können, ob der Teamler vertrauenswürdig genug ist, niemandem die Hand abquetschen zu wollen. Eine hundertpro-

zentige Antwort bekommt man erst, wenn man es wagt, es wirklich live auszuprobieren. Wenn jemand den Mut nicht gehabt hätte, würdet ihr heute nach Hause gehen und immer noch darüber nachgrübeln, ob Vertrauen in dieser Sache gesundheitsschädlich wäre oder nicht.
Bei Gott ist das ähnlich: Das ist eine echte Herausforderung, Gott zu vertrauen, den du nicht sehen oder spüren kannst. Aber feststellen, ob es ihn wirklich gibt und ob er an deinem Leben Interesse hat, das kannst du nur, wenn du's selbst ausprobierst, nicht wenn du nur theoretisch darüber debattierst.
Könnte doch sein, dass unser Leben viel mehr beinhaltet als „Arbeiten - Schlafen - Essen" (Pantomime).
Es lohnt sich, dafür unseren eigenen begrenzten Rahmen zu sprengen.

FOLIE A13

Was ist Sünde?

Zielverfehlung

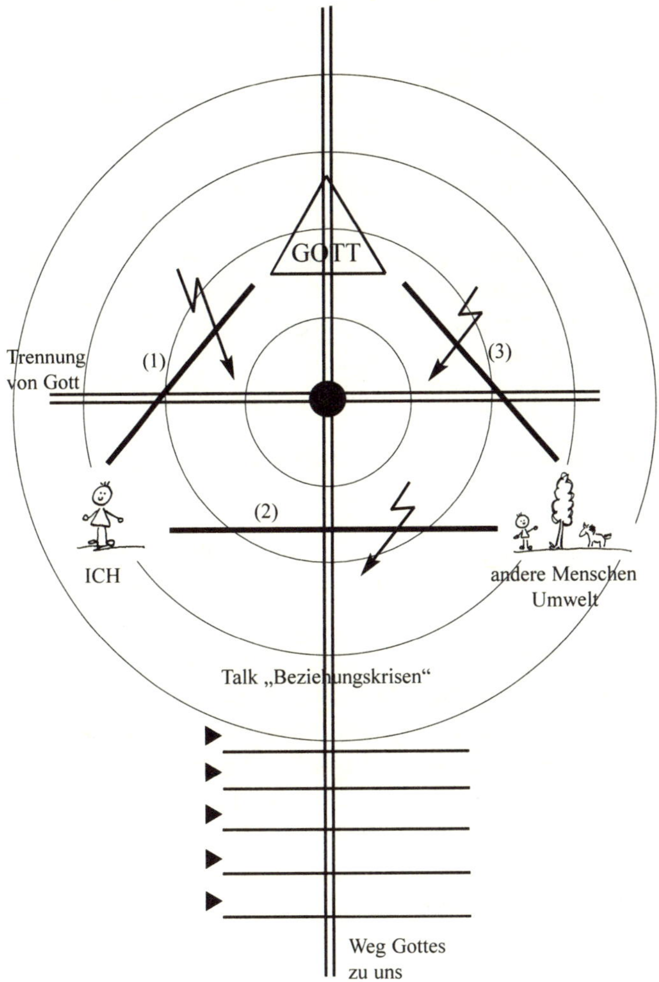

VORLAGE A13A/TEAM

Das Beziehungsdreieck

Im folgenden Text sind die jeweiligen Elemente an den Stellen eingefügt, an denen sie während des Redens gezeichnet werden sollten:

Input I:
Wenn es stimmt, dass Gott △ den Menschen  geschaffen hat, dann hat er das vermutlich mit einer bestimmten Absicht getan. Er hatte ein Ziel für den Menschen, nämlich eine (freundschaftliche) Beziehung zwischen Gott und Mensch (Linie 1) und eine gesunde Beziehung (Linie 2) zur Umwelt  , die ihrerseits auch wieder in Beziehung zu Gott steht (Linie 3). Das war buchstäblich das Paradies auf Erden.
Nun sieht aber die Realität ein bisschen anders aus.

Talk: Ergänzung des Tafelbilds (s. Konzept)

Input II:
Gott wollte den Menschen nicht zu seinem Ziel zwingen und hat ihm deshalb die Möglichkeit gegeben, sich *für oder gegen* dieses Ziel zu entscheiden.
Mit der Entscheidung, nicht Gottes Ziel, sondern eigene Ziele zu verfolgen, ging in diesen Beziehungen einiges in die Brüche: Zwischen Gott und Mensch ϟ (durch Linie 1) und auch zwischen uns und der Umwelt ϟ (durch Linie 2). Das heißt: Hier auf Erden untereinander bekommen wir so manches nicht hin; das liegt daran, dass diese Beziehung nach oben - zu Gott - auch nicht in Ordnung ist.
Wenn es stimmt, dass Gott uns geschaffen hat, ist es doch auch logisch, dass da etwas aus den Fugen gerät, wenn wir ihn, den Erfinder des Ganzen, völlig ausklammern (Querstrich als Trennung zwischen Gott und Mensch bzw. Umwelt).

Das etwas andere Krippenspiel nach Ulfert Andresen

Türklopfen
GD: Müller, kommen Sie herein! Was gibt's?

M: Herr Generaldirektor! Eine gute und eine schlechte Nachricht: Es wurde festgestellt, dass wir in den letzten beiden Tagen weit weniger chemischen Müll entsorgen mussten, wodurch wir mehrere hunderttausend Mark gespart haben.

GD: Ja und? Was machen Sie denn da so ein verkniffenes Gesicht? Ist doch bestens!

M: Der Grund für die Einsparungen ist, dass das Hauptabwasserrohr ein Leck hat und der ganze Müll versickert.

GD: Versickert? Sie meinen, die ganzen Chemikalien, der ganze Müll ist gerade dabei, den guten Boden zu verseuchen? Das kann doch gar nicht wahr sein! Müller, Sie haben doch selbst die beiden Sicherheitsstufen entwickelt. Das ist neueste Technologie!

M: Beide sind vermutlich zerstört.

GD: Wie lange schon?

M: Mindestens 48 Stunden.

GD: Unglaublich *(resignierte Pause)*. Was für ein Zeug ist das eigentlich?

M: Wenn wir das wüssten, wären wir schon einen Schritt weiter. Sie wissen doch: Die Zusammensetzung ändert sich ständig und wie das Zeug dann reagiert, weiß keiner so genau.

GD: Mann, Mann! Kein Wort an die Presse, Müller, hören Sie? *(denkt nach, dann unangenehm vertrauliches Grinsen)* Müller *(schleim)*, Sie wissen, ich habe viel Vertrauen in Sie investiert. Ich setze auf Sie. Ich gebe Ihnen eine großartige Chance: Gehen Sie raus und bringen Sie die Sache in Ordnung. Sie sind der Mann dafür, nehmen Sie diese Herausforderung an!

Unterbrechung durch **Regisseur** *(aufgebracht):* Halt, so nicht, meine Herren! Halten Sie sich gefälligst an das Drehbuch. Sie können doch hier nicht einfach machen, was Sie wollen...

GD: Na gut. Also nochmal *(denkt wieder nach)*. Also, Müller, wir müssen sehen, dass wir diesen Zwischenfall möglichst unauffällig gemeinsam in den Griff bekommen...

Regie: Stopp! Text, sagte ich! Halten Sie sich an das Drehbuch, dafür werden Sie schließlich bezahlt.

GD *(ärgerlich zum Regisseur)***:** Aber das ist doch völlig unrealistisch! Das lass' ich nicht mit mir machen...

Regisseur *steht auf und deutet zur Tür***:** Sie haben die Wahl!

GD *(einlenkend):* Okay, okay... Also, Müller, ich werde diesen Zwischenfall zur Chefsache erklären. Holen Sie die besten Schweißer und Arbeiter zusammen, dann werden wir das Leck schon wieder dicht kriegen.

M: Aber das habe ich doch längst. Es ist fast unmöglich in dieser Kloake zu schweißen - ein Höllengestank, da unten...

GD *(ungeduldig)***:** Dann setzen Sie eine Prämie aus!

M: Schon geschehen. Aber auch das hilft nichts. Die Leute sind zu misstrauisch. Es weiß ja keiner so richtig, was da so drin ist und wie die Verbindungen reagieren.

GD: Na schön. Dann geh ich halt mal selber vorbei. Vielleicht kann ich ihnen gut zureden. An ihre Loyalität appellieren.

M *schaut misstrauisch*

Pause - **Regisseur** *(genervt)***:** Na, was ist? Gefällt Ihnen was am Text nicht?

GD *(seufzt)*: Tja, also... *(dann entschlossen)* Müller, ich glaube, das mit dem Zureden ist wahrscheinlich nicht so effektiv. Aber Sie wissen ja - ich habe selber Schweißer gelernt. Ich glaube, es ist an der Zeit, dass ich den Blaumann aus dem Schrank hole und selber Hand anlege.

M *(fassungslos)*: Das meinen Sie doch wohl nicht ernst?! Vielleicht gibt es eine ausländische Spezialfirma. Für genügend Geld nehmen die jeden Auftrag an. Und da fragt keiner so genau, um welchen Müll es sich handelt . . .

GD: Nein, nein! Das mache ich nicht. Das ist zu riskant. Außerdem könnte das Tage dauern, bis die da sind. Holen Sie den Wagen, Müller! Ich fahre runter.

M: Sie machen sich doch lächerlich. Der Herr Generaldirektor steigt in die Scheiße, weil er seine Arbeiter nicht im Griff hat. Ich sehe schon die Schlagzeilen. Die Herren von der Konkurrenz werden sich vor Lachen kugeln.

GD *(bestimmt)*: Doch, so soll es geschehen!

Seiltrick

Den Trick unter keinen Umständen verraten, auch wenn die Schüler noch so sehr löchern!

Drei unterschiedlich lange Seile (56/36/20 cm) werden der Reihe nach in die linke Hand genommen (von links nach rechts), wobei etwa 5 cm zwischen Daumen und Zeigefinger auf den Handrücken fallen. Währendessen werden folgende Fragen gestellt:
Längstes Seil: „Nennt mir eine besonders schlimme Sünde!" (z.B. Mord, Totschlag, Banküberfall)
Mittleres Seil: „Was wäre z. B. eine mittlere Sünde?" (z. B. Ladendiebstahl, Betrug)
Kurzes Seil: „Und jetzt noch eine ganz kleine Sünde - so was, was jeder mal macht!" (z. B. Lügen)

„Wir unterteilen gerne in schlimme und nicht so schlimme Sünden. So ein Mord (je nach dem, was genannt wurde) muss unbedingt verfolgt und bestraft werden (dabei das untere Ende des langen Seils rechts neben das obere Ende des kurzen legen und zwar so, dass etwa 5 cm auf den Handrücken fallen). Ein Ladendiebstahl ist schon nicht mehr ganz so wild (unteres Ende des mittleren Seils rechts neben das untere Ende des langen legen) und über Lügen brauchen wir erst gar nicht zu diskutieren. Was ist da schon dabei?
Gott sieht das ein bisschen anders. Für Gott sind die kleinen und die großen Sünden alle gleich (dabei das erste, vierte und fünfte Seilende - von links nach rechts gesehen - mit der rechten Hand nach unten wegziehen, dabei entsteht ein Knoten, der unbedingt von der linken Handfläche verdeckt bleiben muss!) Mord, Bankraub und Lüge (dabei zuerst das herabhängende mittlere Ende und dann das rechte nach unten wegziehen, das kurze Seil bleibt in der linken Hand, aber ein Ende wieder nach unten fallenlassen) - sie trennen uns alle von Gott."

Geschenkt!

Ein Fünfmarkstück oder einen Zehnmarkschein herauskramen und ohne Überleitung die Frage in den Raum stellen: Möchte jemand von euch vielleicht 5 (10) Mark haben?
Wenn sich jemand meldet, soll er nach vorn kommen, um sich das Geld abzuholen.

Input: „Ein Geschenk bringt euch wenig, wenn ihr's nicht annehmt. Ihr könnt dabei bleiben darüber zu diskutieren, ob das irgendwo einen Haken hat, Falschgeld ist oder nur ein Witz - letztendlich bringt's euch nur etwas, wenn ihr's in der Hand habt (Glückwunsch, XY!)."

So ist das mit Gottes Lösungsangebot auch: Er überbrückt die Trennung zwischen ihm und uns dadurch, dass Jesus stellvertretend für uns stirbt (nochmal auf das Kreuz zeigen, Folie A13a). Aber das ist ein Geschenk und es liegt an uns, ob wir es annehmen oder ob wir nur darüber diskutieren, ob das alles sein kann, ob das nicht alles viel zu einfach ist, ob da ein Haken dabei oder alles nur ein dummer Witz ist.
Geschenke muss man annehmen, mehr nicht. Aber genau darauf kommt es an!

Material von A-Z für die Unterrichtsentwürfe

3-D-Karten

ADAC-Notrufnummer
Augenbinde

Banane
Bibeln
Bountys
Brausetabletten
Brett
Brief

CD-Player
CDs:
- WWMT, The real thing
- BRAVOHits 20
- Prinzen, Du musst ein Schwein sein...
- Kuschelrock 11
- Forrest Gump
- Weihnachten (divers)

Cola (kleine Flasche)

Dartpfeile
Dartscheibe
Diabolo

Eddings / dicke Stifte
Einrad

Fernseher
Filmdosen

Folien
Folienstifte (non permanent)

Gebrauchsanweisung
Geld: 5 DM oder 10 DM
Gewürze (Pfeffer, Chili, Curry)
Glas oder Becher

Handy

Jonglagehandbuch

Kochbuch
Kopien zu den Entwürfen
Kreide (weil's in der Klasse häufig fehlt)

Lampe
Liedtext Hausmarke: „Mädchen No. 1“
Liedtext Joan Osborne: „One of us“
Liedtext Prinzen: „Du musst ein Schwein sein...“
Luftballon

Marsmännchenkostüm

Ohropax für den Lehrer ;-)
Overheadprojektor (OHP)

Pappe
Plakate DIN A3
Postpaket
Preise (z. B. Süßigkeiten)
Pringles (mindestens drei Sorten)
Prisma

Radio

Rattenfalle

Schokolollis (möglichst als Weihnachtsmann, falls erhältlich)
Seile (jeweils eins mit 20, 26, 56 cm Länge)
Sternaufkleber, phosphoreszierend
Stühle

Tasche
Tisch
Tonbandattrappe

Video „Werbung“ (Zusammenschnitt von Werbespots)
Video „Vater“ (Ausschnitt zum verlorenen Sohn)
Videorecorder

Wasser (kleine Flasche)
Weihnachtsmannkostüm
Windel, aber vollgemacht!

Zitate von prominenten Christen

Checkliste „Konkrete Schritte"

1. Schulen

Welche Schule liegt in räumlicher Nähe zu unserer Gemeinde?

a) ______________________________

b) ______________________________

c) ______________________________

Gibt es dort Jugendliche, die wir von der Gemeindearbeit her kennen?

Schule a)	ja ○	nein ○
Schule b)	ja ○	nein ○
Schule c)	ja ○	nein ○

2. Mitarbeiter

Gibt es in unserer Gemeinde Lehrer, mit denen wir zusammenarbeiten können?

nein ○ ja ○

Name: ____________________ Tel.: __________

Name: ____________________ Tel.: __________

Wer arbeitet in unserer Gemeinde in der Jugendarbeit? Könnte sie/er sich vormittags Zeit nehmen?

Name: ____________________ Tel.: __________

nein ○ punktuell ○ ja ○

Name: ____________________ Tel.: __________

nein ○ punktuell ○ ja ○

Wer hat in unserem Gemeindeumfeld außerdem "einen guten Draht" zu Jugendlichen?
Könnte sie/er sich vormittags Zeit nehmen?

Name: ______________________ Tel.: __________

nein ○ punktuell ○ ja ○

Name: ______________________ Tel.: __________

nein ○ punktuell ○ ja ○

Welche der anderen Kirchen und Gemeinden vor Ort könnten an einer Mitarbeit Interesse habe?
Wen könnte man in diesen Gemeinden ansprechen?

Gemeinde: ______________________

Ansprechpartner ____________________ Tel.: ____________

Gemeinde: ______________________

Ansprechpartner ____________________ Tel.: ____________

Gemeinde: ______________________

Ansprechpartner ____________________ Tel.: ____________

3. und außerdem:

▶ *Gemeindeprofil erstellen*

Wer sind wir? ______________________________

Warum ist uns „Schule“ so wichtig? ________________

____

____

▶ *Paper erstellen*

Zu welchen Themen können wir Angebote machen?

____

____

____

Wer ist dafür „Fachmann“?

____

____

____

Welche Angebote für Jugendliche haben wir außerdem?

- Projektwoche zum Thema: ______________________

____

- Projekttage zum Thema: ________________________

____

- Nachmittagsangebote in unserer Gemeinde: __________

____

- Nachmittagsangebote im AG-Bereich der Schule: ______

____

____

- bereits bestehendes Schülercafé

- Kapazitäten, innerhalb der Schulräume ein Schülercafé anzubieten

  Uhrzeit von ______ bis ______
  Wochentag(e): Mo ○ Di ○ Mi ○ Do ○ Fr ○ Sa ○

- Wochenendfahrten

- Freizeiten

▶ *Angebote in die Religionsfachkonferenz einreichen (am besten persönlich!)*

Welche konkreten Termine können wir anbieten - und dann (hoffentlich!) festmachen?______________________________

____

▶ Vorstellungstermin bei der Schulleitung (mit Gemeindeprofil und schriftlichen Themenangeboten „bewaffnet“)

LITERATURTIPPS

Hier gibt's Ideen-Nachschub!

SBK-Ordner der SMD
(9,95 DM) SMD, Postfach 554, 35017 Marburg, Tel.: 06421/910522, schuelerarbeit@smd.org

Steigbügel oder Jungscharleiter
(jährlich 21,- bzw. 18,-DM) ejw, dsb Abo-Betreuung GmbH, 74168 Neckarsulm, Tel.: 07132/959223

CD-ROM Jungscharleiter (92-95) - Fit für Kids
(Bestellnummer Ps 50,15; etwa 30,- DM) Evang. Jugendwerk in Württemberg, Jungscharreferat, Tel.: 0711/9781-410, Fax: -413

„Die beste Nachricht aller Zeiten", Verteilheft, 62 Seiten
Verlag Missionswerk „Stimme des Glaubens", Konstanz 1992

„erlebt und erzählt", Taschenbuch
(Nr. 100.714, 64 Seiten, 1,80 DM, ISBN 3-7751-1379-7)
Campus für Christus, Gießen 1992[9]

„Mit vollem Einsatz", NT mit Lebensberichten internationaler Spitzensportler
(ca. 10,- DM) Sportler ruft Sportler, Tel.: 02681/941150, Altenkirchen

Axel Kühner: „Überlebensgeschichten für jeden Tag"
(350 Seiten, 29,80 DM, ISBN 3-7615-1523-5)
Aussaat Verlag, Neukirchen-Vluyn 1994[4]

30.000 Super-Cliparts, sortiert nach Themen
TANDEM-Verlag, Königswinter 1997, zu bestellen z. B. bei HACH, ca. 30,- DM

QUELLENANGABEN

Shell-Studie (Seite 78)
Hrsg.: Deutsche Shell
Jugend 2000, Band 1
Leske und Budrich, Opladen, 2000

3-D-Karten (Seite 82)
aus: aha!, Schülerrundbrief der SMD, Thomas Drumm

Zitat Whitney Houston (Seite 98)
aus: „erlebt und erzählt“, Campus für Christus, Gießen

Zitat Udo Bölts (Seite 90)
aus: „Mit vollem Einsatz“, Sportler ruft Sportler, Altenkirchen

Das etwas andere Krippenspiel (Seite 111)
nach Ulfert Andresen, Herrengraben 54, 20459 Hamburg

Multimedialer Fun!

Christsein - echt cool

Ein Multimedia-Katechismus für Konfirmanden und Erwachsene

Mit Wissens- und Geschicklichkeitsspielen, Musik- und Videoclips und einem großen Abschlusstest. Themen wie Zehn Gebote, Taufe, Abendmahl und Gemeinde werden Schritt für Schritt erschlossen.

Systemvoraussetzungen (mind.): Pentium 133MHz., 6fach CD, Win 95, 98, 2000 oder NT4 (Servicepack 3), 16 MB Arbeitsspeicher, 1 MB Grafikkarte

Software CD-ROM DM/sfr 29,80/öS 218
Bestellnummer 183.247

Geheimcode: Fisch

Jesus auf der Spur

Mit dieser CD-ROM können clevere Detektive der Person Jesus auf der Spur sein: Hat Jesus existiert? Hat Jesus Wunder getan? Wie zuverlässig sind die Evangelien? Ist Jesus Gottes Sohn? uvm.

Systemvoraussetzungen (mind.): Pentium 133MHz., 6fach CD, Win 95, 98, 2000 oder NT4 (Servicepack 3), 16 MB Arbeitsspeicher, Grafikkarte (1024 x 768), Soundkarte

Software CD-ROM DM/sfr 29,80/öS 218
Bestellnummer 183.265

BORN-VERLAG, KASSEL

teens erleben christus!

t.e.c. - teens erleben christus

Arbeitshilfen, Infos, Trends und Material für die Teenager- und Jugendarbeit

t.e.c. ist praxisnah und interaktiv: es lebt von den Ideen vieler für viele.
t.e.c. steht für Network: denn die Idee, die dahinter steht, ist simpel: Gemeinsam sind wir besser!
t.e.c. bedeutet geben und nehmen: Motivation durch die Erfahrungen anderer und Multiplikation durch die Wissensweitergabe.
t.e.c. kann man auseinandernehmen und sortieren: es muss nur noch auseinandergeschnitten und im passenden t.e.c.-Ordner den verschiedenen Rubriken zugeordnet werden.
t.e.c. ist übersichtlich in 10 verschiedene Rubriken unterteilt, die fortlaufend durchnummeriert werden und am Jahresanfang gibt es ein aktualisiertes Inhaltsregister.

Preis: DM 20,- im Jahresabo bzw. DM 6,- pro Einzelheft, jeweils zzügl. Versandkosten; Ordner: DM 13,85 zzügl. Porto

BORN-VERLAG, KASSEL